Parenting
with
Love and
Wisdom

这样爱你
刚刚好，
我的大学生孩子

朱永新　孙云晓　孙宏艳　主编

蓝玫　副主编　　孙宏艳　本册作者

CS 湖南教育出版社

编 委 会

把幸福还给家庭（代序）

父母的教育素养，直接影响甚至决定着孩子的发展。

在教育中，家庭是成长之源。一个人的一生有四个重要的生命场：母亲的子宫、家庭、学校和职场。其他三个场所随着时间改变，家庭却始终占据一半的分量，是最重要的场所。孩子的成长，最初是从家庭生活中得到物质和精神的滋养。人生从家庭出发，最后还是回到家庭。

在家庭教育中，父母的成长是孩子成长的前提。家庭教育不只是简单的教育孩子，更是父母的自我教育。没有父母的成长，永远不可能有孩子的成长。与孩子一起成长，才是家庭教育最美丽的风景，才是父母最美好的人生姿态！抚养孩子并不仅仅是父母的任务，也是父母精神生命的第二次发育。对孩子的抚育过程，是父母自身成长历程的一种折射。如果父母能够用心梳理孩子的教育问题，就能回顾和化解自己成长中出现的问题，就能实现精神生命的第二次发育，再次生长。

过一种幸福完整的教育生活，是家庭教育的根本朝向。"幸福"不仅仅是教育的目标，更是人类的终极目标。幸福教育是幸福人生的基础。新教育实验的理想，就是让人们快乐、自主地学习，真正地享受学习生活，发现自己的天赋与潜能，在和伟大事物遭遇的过程中发现自我、成就自我。教育本来就是增进幸福的重要途径。挑战未知，合作学习，应该是非常幸福的。所以，家庭应该和学校、社区一道，努力创造让孩子幸福成长、快乐学习的环境。把童年还给孩子，把幸福还给家庭，是我们这套教材的核心理念。

"完整"的内涵比较丰富，但最重要的精神就是让孩子成为他自己。现在教育很大的问题，就是用统一的大纲、统一的考试、统一的评价，把本来具有无限发展可能的人变成了单向度的人。我们的教育是补短，就算把所有的短补齐了，也只是把所有的孩子变成一样了，而不是扬每个孩子所长。其实，真正的教育应该扬长避短。人什么时候最幸福？发现自己才华，找到自己值得为之付出一生努力的方向，能够痴迷一件事情，实现自己的梦想，一个人在这时才是最幸福和快乐的。这就是新教育所说的完整幸福。

如今，教育是父母最关注的问题，但家庭教育却在父母的焦虑中常常脱离了正确的轨道。为了"幸福完整"这一目标，我们的父母应该建设一个汇聚美好事物的家庭，自身也应该成为美好的人，从而帮助孩子成为更好的自己。

理念比方法更重要，但并不意味着方法没有价值，相反，只有好的方法才能让好的理念真正落地。因此，我们邀请了知名教育研究机构的相关专家，精心编写了这套新父母系列教材。这是国内第一套从孕期开始直到孩子成为大学生的父母系列读本，希望能够为不同年龄、不同阶段孩子的父母提供蕴藏正确理念的有效家庭教育方法。

父母对孩子的爱，再多也不嫌多。父母如何爱孩子？随着时代的变迁，方法也在不断改变。如何才能更好地爱？我们以"智慧爱"的理念，探索着充满智慧的、恰到好处的爱的方法，对此还在不断研究之中，这套书也会不断修订。希望广大父母读者及时提出意见与建议，让我们一起完善这套书，让我们对自己、对孩子、对世界，都能爱得刚刚好。

朱永新

2017年6月16日写于北京滴石斋

目 录

1

第 一 章

以喜悦的心迎接双重转变

1. 没有一代人的青春是容易的

　　主持人白岩松给大学生做的演讲《没有一代人的青春是容易的》和《幸福》让很多大学生感到亲切，他说："每一代人有每一代人的宿命、委屈、挣扎、奋斗，没什么可抱怨的。""青春不该这么焦虑。"新时代的大学生成长在互联网发达的信息时代，他们的青春奔流不息，他们的志向宏大高远，他们有勇气有目标，要选择要自由。青春一路，梦想做伴，也会有无奈与疼痛相随。

　　面对这样一个特殊的群体——既是成人又是孩子，既成熟又稚嫩，既理智又冲动，既独立又依赖，既理想又现实——睿智的父母或许已经认识到，家庭教育非但不能缺位，还要抓紧"改版""升级"，给孩子与中学时期不同的家庭教育，这样才能跟得上孩子成长的脚步。

　　有位母亲这样说："经历了孩子小时候该喝什么奶到长大了选择哪一所大学，从担心他们的一个喷嚏到就业与前途……父母的念头总是无时无刻不在担心、选择、爱恋和不舍间打转。"而当孩子踏入大学校门，入学手续办妥后，父母从孩子电话里听得最多的话可能是"我很忙，你们不要担心"，做父母的，这一刻不是自己企盼了很多年的吗？可是为什么会若有所失呢？

伴随大学生四年心态和成长变化，父母的心态、教育内容和方式需要亦步亦趋加以调整。父母的角色需要从周到照料型转变为智慧导师型。父母要助力大学生子女的成长，就要先了解他们的身心发展特点，尤其要了解孩子在大学四年的心路变化历程，这样才能让家庭教育更有效。

大学生四年心路

有人这样形容大学生四年来的心理变化：大一时不知道自己不知道，大二时知道自己不知道，大三时不知道自己知道，大四时知道自己知道。这几句话读起来比较饶舌，但是还是很准确地描述了大学生几年来的变化。

大一：新鲜与忙碌

大学一年级新生，带着高考成功的心态进入大学，感觉一切都是新的，对大学生活也充满了憧憬和期待。看到漂亮的校园，看到校园里有特色的教学楼和实验楼，有热闹的学生活动，大学新生往往感到既崇高又自豪。很多学生是第一次离开家，住进宿舍，开始独立生活。身边没有人唠叨催促吃饭读书，每天的时间自己做主，想做什么也自己说了算……新环境、新同学、新老师、新生活，每一件事都令孩子兴奋和惊喜。各种社团活动、学生组织，更令大一新生眼花缭乱，兴奋不已。

一名大学生说："进入大学校门，感觉自己终于逃脱了高中的魔鬼生活，加上正是情窦初开的年龄，我觉得自己简直自信心爆棚。我想着在大学里怎样大展宏图，怎样好好表现，怎样找个漂亮的女朋友。刚入学时，我很热衷社团活动，什么轮滑社团、双截棍社团、合唱团、舞蹈团、迎新晚会……反正，那时候的我，怎么活跃怎么来，认识的朋友也很多……"大学新生的社团活动大多比较丰富，忙忙碌碌。除了正常的课堂学习，社团活动频繁，占据了大一新生不少时间。各类迎新和比赛，也给孩子带来紧迫感，在时间上经常感到捉襟见肘。

孩子对大学生活往往缺乏了解与准备，他们以为自己能过好大学生活，能在大学里一帆风顺，以为大学生活全是欢乐。然而，事实并非如此。大学生活也会有坎坷，也会有一些不愉快或挫折，但是这时候大学的"新鲜人儿"还不知道会这样。因此，他们不知道自己在很多方面"不知道"。与同学生活在一个屋檐下，生活习惯、价值观念等方面的不同也会带来摩擦，甚至影响大学生的情绪。

大二：从彷徨忙乱到逐渐平稳

在经过了几个月的新鲜热闹后，有些大学生会出现无所适从的感受，找不到定位与方向，主要表现为专业或环境、人际关系的不适应。因此，有的学生变得茫然、彷徨。二年级时，多数大学生在心理上比一年级更成熟，心态也逐渐转向平稳，开始告别无知自大，走向成熟。这时，孩子对学习、生活的目标逐渐明确，情绪也更稳定，同学之间也建立了友谊，舍友之间的性格特点也有了更深的了

解。在生活各方面"尘埃落定"后，大学生开始为理想、目标摩拳擦掌，图书馆、教室里常见他们的身影。

因此，大学生在二年级时开始知道自己有很多"不知道"了。这说明大学生头脑逐渐冷静，对自我的认识更清晰。但是，有些二年级学生也开始变得懒散，甚至出现一些不良行为，如逃课、不写作业、应付社团活动、上进心不足、熬夜追剧、长时间玩游戏等。

大三：心态更稳定，踏实而勤奋

三年级时，大量专业课来袭，孩子的学习任务更重了。经过两年的大学生活，孩子对自我的认识和对学校、学习、专业、未来发展等各方面的认识与思考也更全面更深入。而且，两年来在与老师、同学的交往中，孩子对自己在集体中的位置也有了更准确的评估。但是，这时他们并不清楚自己已经了解了这些，他们不知道自己已经"知道"了很多大学生活的道理。大学生小岛说："大三这一年开始学专业课了，并且大三是课最多的一年。同学中那些谈恋爱的人，也不像过去那样甜蜜了，大家经常各忙各的。也有一些同学已经与恋人分手了。这一年我们开始考虑未来，考虑毕业的事儿，也开始有了紧迫感。同学之间的圈子也逐渐形成，生活越来越成了一种模式，有的同学已经开始考研……总之，大三这一年感觉过得按部就班，不像大一大二那么有色彩。"

虽然如此，但是大学生的心态更稳定了，学习目标也更加明确。考研的同学开始复习行动，有意识地选择考研用到的选修课。想保研的同学更是不甘落后，努力保持 GPA 高绩点。想出国的同学开始参加英语辅导班，TOEFL、雅思学习与考试。想毕业就工作的同学开始努力寻找心仪的实习单位，加强实践环节的校内和校外学习……

大四：理性稳重中也有遗憾

四年级时，孩子更加理性，从莽莽撞撞、懵懵懂懂到知己知彼、沉着稳重。这时，孩子已经知道了自己的"知道"，清楚了解自己有哪些长处，哪些不足。而且，大学四年级时，孩子面临毕业、就业、考研等问题，心理压力会增大，情绪也容易不稳定。大学四年级的孩子常常忙忙碌碌，考研、毕业实践、找工作、出国留学……四年仿佛一晃而过，有的孩子已经开始后悔大学四年努力不够，美好时光转瞬即逝；也有的孩子信心满满，正在为下一个驿站做准备。

重要的事情说三遍：我们的孩子上大学了

姚先生的儿子大一的时候在感情上遇到了挫折，因为失恋而伤心不已，姚先生和太太也跟着挫折起来、紧张起来。他们协调好两人的分工，父亲侧重哪方面，母亲又侧重哪方面，务求口径一致，还绕着弯子转告儿子：虽然你失去了小甜心的爱，但你还拥有跟恒河沙一样多的爱。事态已经不是在对付儿子失恋这桩事了，似乎变成了天下父母急需抚平自己的不舍。

姚先生在百忙中提笔给儿子写下千字劝世文，希望安慰儿子面对的挫折。劝世文开天辟地地引用名家格言从上写，哲学伦理从下写，出世的从左写，入世的从右写，自然法则从中间切入，字字珠玑，呕心沥血。大意是：为父为母的，多年来为他创造一个牢固的城堡，希望他在最美好的环境中生长，不要受到打击，但"Life is never easy."，人生一定会有失意的时刻，要勇于面对，并且要明白世间其实没有所谓的百分百的"美好"。

信收到以后，儿子表示看懂了爸爸的劝世文的大意："大便总会出现的。"

父亲的千字文换取了这七个字，他们决定从此再也不要跟着这种不舍的念头跳脚了。

和姚先生一样，从孩子上大学的那一天开始，父母一如既往可以慢慢修得一些经验，不会那么手忙脚乱。

多关注孩子的心态变化

心态决定了行为，父母要善于通过各种渠道了解孩子的心态变化。正如前面介绍的那样，从大学一年级到四年级，不同年级孩子有着不同的变化。父母要想给孩子更多指导，就要先了解孩子的心路历程，知道孩子在不同年级、不同时间都有些什么想法，这样才更能有针对性地给孩子帮助。父母对孩子的了解，也要采取不同方式。例如，察言观色、关注言谈举止，或者听孩子讲讲学校生活等，就可以从孩子的一些谈论中了解到他们的心态。也许孩子并不在身边，但是通过与孩子的电话、视频、信息沟通，通过孩子与父母交谈的语气，父母也能了解到孩子的心情与精神状态。

调整家庭养育方式

伴随大学生四年心态的变化，家长的心态、教育方式和养育方式都需要进行调整。孩子小时候，父母的养育是周到照料型，以照顾孩子的生活为主。例如，准备一日三餐，准备每日上学的衣服等，晚上回家可能还陪伴孩子学习，或者为孩子准备一些夜宵。家庭教育就在琐碎的生活中潜移默化地进行。但是，孩子进入大学后，父母与孩子的距离远了，要在孩子身边唠唠叨叨也不太可能了，这时父母要将对孩子的教育、养育转变为智慧导师型。导师的特征是保持一定的距离，默默关注，因势利导。

抓好每一个关键节点

大学四年里，每一年都有不同的学习与生活重点。父母要善于抓住每个关键节点，用新目标、新生活、新感受点燃孩子对生活的兴趣与乐趣。例如，大一对孩子来说是个新的开端，父母要善于用"新"来鼓励孩子树立新目标，养成新习惯，开始新计划等；大三时有些学生开始寻找实习单位，这又是一个新的生活，不同于课堂学习，父母也要抓住这样的新生活，鼓励孩子踏实工作，弥补课堂学习的不足，改掉过去的坏习惯等。

从教导者到参谋者

长期以来，父母在孩子的成长中大多从事着教导者的工作，帮孩子出主意，给孩子提要求，检查孩子的学习与交友情况……父母占据主导地位的时候多。孩子进入大学后，父母要主动从主导位置上撤退下来，父母也得承认自身的不足，尤其是知识上的不足。对孩子的生活多听少说，多宽容少控制，多理解少指责，多指导少干涉；学习上指导孩子利用好学校的功能，毕竟大学的老师更专业，更能全面指导孩子。

2. 把握孩子四年的成长重点

父母把孩子送进大学校门后，不仅要关注孩子几年来的心态变化，还要了解孩子大学四年的主要成长任务，这样才能给孩子更有效的帮助与指导。至少，父母应了解到：孩子在大学一年级上学期会忙些什么，下学期的主要任务是什么；当孩子大二时，如果孩子烦恼，你会知道他大约是在为什么事情烦恼；当孩子忙着玩游戏时，你还可以根据他每学期的任务给他一些提醒……所以，了解孩子四年的成长任务，是大学生父母陪伴子女成长的一种方式。

在大学里，孩子至少要完成四方面的转变：

◎人生目标转变：有更实际更具发展性的人生目标，而不是仅仅局限在期末考了多少分，年级排名怎样这类小目标；

◎学习方法转变：从过去老师、父母的督促学习，转变为以自学为主的探索性学习；

◎生活方式转变：从生活起居有父母照顾转变为自主安排生活，从有独立房间到几人共同居住；

◎心理人格转变：从不成熟到逐渐成熟，从依赖到独立，从单一到多元。

小贴士　大学生四年的学习重点

大一：适应性是重点

大二：人际交往是重点

大三：职业发展是重点

大四：新的目标是重点

大一时注重给孩子树立自信心

适应性是大学一年级的核心问题。父母帮忙解决这个问题的主要办法是多与孩子沟通，了解孩子在学习与生活方面的困难，然后才能进行心理上的疏导与帮助。另外，新生的适应不良，也与孩子的沟通技能有很大关系。父母要鼓励孩子多与同学、朋友、老师沟通，还可以在孩子进入大学前先给孩子打打预防针，使孩子对大学不同年级易遇到的问题有所了解，从而避免孩子对大学生活的盲目乐观与遐想。

学习与生活的不适应还取决于孩子的心态。如果孩子对自己有信心，用接纳的心态去看待新事物、新环境，就不会有那么强烈的不适应感。因此，父母要在调节孩子心态上下功夫，使孩子摆脱对父母、原有环境及人际关系的依赖，用积极乐观的心态接纳新生活，尽快找到自己的目标。

大二时多鼓励孩子参加集体活动

二年级时孩子在人际关系方面容易爆发更多的问题，而且人际关系问题往往也容易成为其他问题的导火索。比如，因为与同学相处不好而讨厌大学生活，不爱学习。因此，父母要在孩子进入二年级时格外关注孩子的人际关系。父母要鼓励孩子和同学以诚相待，多为同学或朋友提供帮助，纠正以自我为中心、唯我独尊的心态，多看到同学的长处，多参加集体或社会活动。如果发现孩子有人际关系方面的困扰，父母要多给孩子理解和关心，从各种角度帮孩子解读人际关系问题的内在因素，使孩子既从自己方面找原因，又能用宽容的心态对待身边的同学。对已经谈恋爱的孩子，父母要引导孩子在交往中学习爱情，也要提醒孩子多参加集体活动，丰富精神生活，端正恋爱动机。

大三时多和孩子讨论未来去向

三年级时，大学生活已经过半，人际关系要么开始淡化，要么逐渐走向成熟。随之而来的，是未来的去向问题。考研、求职、出国……到底该走哪条路，孩子心里一定想了一遍又一遍。即使他佯装满不在乎，可同学经常谈论的话题、同学忙着考证、同学去参加社会实践等，身边的各种信息都在提醒孩子，未来到底该向何处去。因此，父母要在孩子大学三年级时把职业发展作为重点来关注。例如，为孩子提供一些职业信息，和孩子讨论职业发展的趋势，听听孩子对职业的想法等。另外，父母还要关注孩子是否存在其他行为或心理，如网瘾、孤独、抑郁等问题，从未来发展、群体归属等方面引导孩子。

大四时为未来人生做准备

四年级是大学四年的收获季节，父母要引导孩子理性对待"编筐窝篓全在收口"这个特殊的年级。例如，克服攀比和从众心理，理性安排自己的未来生活。不要看别人出国自己也想出国，别人去大企业自己也非要去大企业。适合自己的人生目标才是最好的。父母要引导孩子客观分析自己的优势与不足，及时选准下一步的学习与生活目标。如果大学毕业后的目标迟迟定不下来，既影响孩子的行动，又影响孩子对未来的信心。

3. 用好心态迎接家庭教育新挑战

孩子在变，父母也在变。原来父母的生活重心大多在孩子身上，每天照料孩子的生活起居与日常学习，日子充实而忙碌着。但现在家庭或许成了"空巢"，家庭生活的节奏比过去慢下来很多，生活核心也不再围着孩子转。这些变化给人带来欣喜，也会让人紧张。因此，有人在网上咨询："孩子上大学了，父母怎么办？""孩子上大学后，全职妈妈如何打发生活？"

微信上流传一则笑话，看了让人忍俊不禁又有些心酸：养孩子就像发射卫星，花费十几年心血确保每个环节和数据都正确，最后一朝发送成功，考上大学，然后卫星就消失在茫茫的外太空，只剩下定期不定期地发回来一些微弱的信号："给点钱……给点钱……"把钱发给了卫星，叮嘱吃好穿暖，卫星又发回来微弱的信号："别叨叨……别叨叨……"

孩子上了大学后，父母就仿佛发射了一颗卫星。很多父母感觉终于"解放"了，卫星发射成功，从此身心轻松了很多，认为家庭教育的任务结束了，孩子的成长将交给学校和社会。也有的父母还很难从过去日日照料孩子的心态中脱离出来，总认为孩子还小，还不能撒手不管，因此对孩子控制过多，导致孩子厌烦，想逃离父母的控制。父母要了解自己的心态变化，并及时做出调整，使自己的心理状态更适合孩子成长。

父母的几种心态

喜悦与失落并存

孩子上大学后，父母的心态也随之变化。过去，孩子大多数时间在身边，朝朝暮暮陪伴孩子成长。虽然有时感到很累很烦，但是孩子在眼前父母的心里总是踏实的。现在孩子要离开父母独自求学，家长心里大多是一半高兴一半失落。高兴的是孩子迎来了人生的新阶段，父母的辛苦陪伴也终于告一段落。失落的是孩子即将或已经成了偶尔才会发出信号的"卫星"。一位父亲说："孩子上大学后，我有一年多都不太适应。经常站也不是坐也不是，老觉得有什么事儿牵动着我。男人啊也不好意思说，其实想想就是过去每天给孩子做饭、接送他上学放学习惯了，生活一下改变了，做父母的反而不适应了。"如果孩子上大学后再与父母联系得少，父母更会感到失落。

担心多于放心

孩子上大学后，父母不放心的心态占多数。担心孩子吃不好饭、不按时睡觉，担心孩子上网打游戏、抽烟，担心孩子上课不认真、考试挂科，担心孩子与人交往受欺负，担心孩子将来不能保研，担心孩子与异性交往不能很好把握自己……产生这种心理差异，一是

因为孩子在家时父母给孩子的独立机会较少，孩子没有机会展示能力，父母看不到孩子的能力，因此对孩子更担心。二是因为父母对孩子也存在情感上的依赖，并且习惯了孩子的依赖。一旦孩子离开家，与父母的联结不够紧密，父母就会更担心更失落。

以为"船到码头车到站"

孩子上了大学，很多父母都会常说一句话："终于等到了！解放了！"的确，在陪伴孩子方面，父母是松了一口气，孩子长大了，父母不用像孩子小时候那样陪伴。因此，有些父母认为再也不用管孩子学习了，家庭教育的任务也已经完成了，从此可以对孩子"大撒把"。

产生分离焦虑

孩子进大学后，父母应适度放手，给孩子更多独立决策、独立生活的机会。而且，孩子个性不同，能力不同，自制力情况也不同，父母对孩子的放手程度也应略有不同。但是有些父母不能适应与孩子的分离，总想了解孩子的一切信息，总想给孩子打电话或与孩子视频，想让孩子把每天的生活情况都跟爸爸妈妈汇报，这样既容易让孩子厌烦，也会把分离焦虑传染给孩子。

对"卫星"茫然不知所措

也有的父母虽然理解大学生仍然需要家庭教育，但却对腾空而去的"卫星"不知所措。既不理解孩子发生的巨大变化，也不知道该怎么办。想了解孩子的动态，又不知从何做起。虽说父母对孩子的成长有知情权，也想关心孩子在学校的学习与生活情况，但是孩子不大愿意与父母沟通，回答父母问话就像挤牙膏，因此有父母感慨，给大学生当父母比给中学生当父母难一万倍。

鸟学飞翔，人学自立，父母、孩子亦然

很多父母虽然受过高等的教育，位居重要的事业角色，然而并不一定生活和谐，也不一定心理上成熟。在为孩子担忧的同时，要想一想，自己十几年来为孩子建立的"人生定位导航系统"并不足以应对一个比他们自己所处的时代要更复杂的时代，孩子的人生之路也正是因为离开父母的直接"监管"而变得更长更宽。

尽快走出"空窗期"

孩子离开家去读大学，父母心理上无法适应与孩子的分离，这种心态被心理学家们称为"空窗期"。空窗期，是指某个人因为某种原因处于前后交替的过渡阶段，在心理上产生"真空"的感受。例如，失恋后到再次恋爱前，这段时间的感情空白被称为"空窗期"。从单位辞职，到寻到另外一份工作之前，是事业的"空窗期"。大学生的父母要尽快调整自己，缩短陪伴孩子依赖孩子的心理"空窗期"，找到自己的生活目标。

减少对孩子过度情感依赖

父母对孩子的关心要适度，要避免对孩子的过度情感依赖，寻找新的生活寄托。例如，父母可把时间、精力转到事业上，也可以多陪陪老人，或者发展一些新的兴趣与人际关系。在孩子小时候，父母没时间实现的愿望，想去玩的地方，想学做的花样菜谱，想练习的运动项目，现在都可以做起来。父母尤其要控制自己对孩子的情感依赖，不要总是做"在线"父母，更不能要求孩子时刻"在线"，也要给孩子适当的"空窗期"，为孩子的生活留些空白。

从教导者转变为聆听者

父母转变身份，一个重要的特征就是要成为聆听者。父母可把大学作为起点，把教导者的身份转变为聆听者，听孩子的笑声，听孩子的烦恼，听孩子的炫耀，听孩子羞涩的隐私故事，做一位智慧的聆听者。父母也可以偶尔提问，为孩子做参谋，这些都是对孩子的肯定和扶持。但是，面对大学生子女，切不可喋喋不休，也不可成为侦察员，整日火眼金睛盯着孩子的一举一动。

拉近心理距离更重要

虽然孩子与父母的空间距离远了，但心理距离可以拉近。大学生的父母通过学习家庭教育理念与方法，了解与大学生相处的规律与特点，生活上对孩子适度放手，心理上给孩子积极支持，找到与孩子拉近心理距离的方法。这样才能对孩子的人生观、价值观、世界观进行引导，为孩子的职业取向、择偶取向等提供指导。

小贴士　你是弓，儿女是从你那里射出的箭

你的儿女，其实不是你的儿女。

他们是生命对于自身渴望而诞生的孩子。

他们借助你来到这世界，却非因你而来，

他们在你身旁，却并不属于你。

你可以给予他们的是你的爱，却不是你的想法，

因为他们有自己的思想。

你可以庇护的是他们的身体，却不是他们的灵魂，

因为他们的灵魂属于明天，属于你做梦也无法到达的明天，

你可以拼尽全力，变得像他们一样，

却不要让他们变得和你一样，

因为生命不会后退，也不在过去停留。

你是弓，儿女是从你那里射出的箭。

弓箭手望着未来之路上的箭靶，

他用尽力气将你拉开，使他的箭射得又快又远。

怀着快乐的心情，在弓箭手的手中弯曲吧，

因为他爱一路飞翔的箭，也爱无比稳定的弓。

——纪伯伦

当孩子不再那么依赖自己，这不正是十几年来的家庭教育所希望达到的目的——放飞孩子吗？当孩子开始渐渐适应独立的生活，父母怎么还不能适应呢？当父母与孩子回头看一起走过的路，一起经历过的生命的各种挫折，虽然起先看起来不怎么如意，但最后仍能活出一片美丽的境界，父母、孩子因为彼此的成长，而更自在更完美，生命就是如此生生不息。

回顾与思考

1. 当孩子说"我很忙，你们不要担心"时，父母怎么理解？结合实际说说父母应该如何摆正自己的心态。

2. 给孩子写一封信，说说自己"空窗期"的计划，与孩子互勉共同成长。

3. 假如孩子面临生活方式的转变：从有独立房间到几人共同居住，你觉得这个转变中父母可以做点什么。可参考本书第 23、30、33、162 页。

2

第 二 章

人际交往是大学生活"第一课"

1. 享受独处的美好时光

蔓蔓进入大学校园已经三个月了。刚入学时，一切都是新鲜的。宿舍的几个姑娘很快熟悉起来，大家一起到教室，一起回宿舍，一起去食堂，一起去运动场……刚开学的那阵子，作为独生女的蔓蔓突然感觉有了姐妹，大学生活甜蜜地在她眼前展开。

但是好景不长，才三个月的时间，她开始感到孤单。原因是刚开始同进同出的六个女生，逐渐分化为不同的群体。云、冰、瑞三个女生因为参加学校的电视台活动，经常晚归，渐渐地她们三人成了一个小团体。另外两个女生莉和萍老家都是山东的，因此她们俩常一起行动。很多时候蔓蔓都是孤单的一个人。

于是蔓蔓心里开始别扭，她觉得几个同学在孤立她。偏偏这个班里的同学又大多一个宿舍一起行动，上课时分各种学习小组时，宿舍的几个同学迅速组成了小组，蔓蔓时常被"剩下"。她感觉自己是多余的，即使与宿舍的人共处一室也觉得找不到谈资。于是，她给妈妈打电话哭诉"想家""大学生活没意思"……妈妈有些不解，这才上学三个月就感到大学无聊了？大学里那么多同学、那么多活动，多丰富多幸福的日子啊，怎么会感到没意思呢？

蔓蔓的这种心理状态，其实是害怕独处的心理在影响每天的心情，影响她对大学生活的认识。进入一个新环境，因为不熟悉而产生不安全感是心理上正常的现象。刚刚进入大学的年轻人，有期待、焦虑、紧张等许多复杂的情绪，对于自己该做什么、需要做什么没有很大把握。急于交朋友，急于融入各种圈子，是多数大学新生的心态，他们害怕独处，总认为独处就是孤独，孤独就是被嫌弃、被孤立。事实上，大学时期是孩子的人际交往生活走向新高度的开端。他们的交往范围更大更深：向外，从身边的人走向社会的人；向内，与自己更和谐地相处。所以，大学生进入高校后，首先要学会独处，适应独处的生活状态。

独处是大学生活的常态

父母要了解大一新生可能出现的孤独感，在孩子入学前"打个预防针"，告诉他在大学里独处是一种常态。一个人吃饭，一个人去图书馆，一个人晒太阳，一个人去实习……这些现象都是很正常的。或许刚入学时大家三五成群，随着交往深入、年级升高，性格内向的与外向的，想考研的与打算工作的，喜欢泡图书馆的与喜欢社交的……由于各自不同的目标与规划，大学生之间便会开始分化，最终成为一个个独立自主的人。这是大学生活的常态，也是大学生成长的目标之一。大学生离开父母、离开家庭、离开家乡，到远方去，适应独立的生活，正是人生不可缺少的成长过程。父母要了解孩子在未来四年的生活变化，鼓励孩子学习独处。父母要告诉孩子的是，有了独处的习惯时，才会发现独处的妙处，也更珍惜与朋友在一起的快乐。独处时行动更自由，思想更清晰，可以思考很多问题，甚至可以发现热闹时不易发现的奇妙。这样孩子有了心理准备，知道同学之间热闹过后会归于清净，亲密无间过后会走向独立自主的大学生活模式。

仔细倾听孩子话语背后的含义

孩子进入大学后，无论是父母还是孩子自身，都感觉进入了一个新的生活阶段。在父母看来，孩子终于长大了，父母的抚养陪伴任务终于可以告一段落了，因此往往对孩子的情绪、心理、行为多有忽视。在孩子看来，自己已经是大学生了，是个可以离开家庭离开父母的大人了，所以当在学校遇到交往、学习、生活等方面的问题时，有的孩子习惯埋在心里不告诉父母，有的孩子则会在言语间透露出一些端倪。因此，父母要特别细心地倾听大学生孩子的"只言片语"。例如，蔓蔓对妈妈说"想家""大学生活没意思"，其实说明蔓蔓遇到了困难。她看到同学三五成群，而自己经常一个人行动，心里不是滋味，并把这看作孤独。

小贴士

暂时性孤独易转化为长期性孤独。心理学家认为，人的孤独分为三类：长期性孤独、情境性孤独、暂时性孤独。长期对自己的人际关系不满意，或长期与他人交往少，或存在一些社交缺陷，属于长期性孤独；处在陌生、封闭、孤单的社交环境中，或者重要的人际关系破裂、瓦解、改变，属于情境性孤独；暂时性孤独则是因为生活环境改变导致的短期不适应。长期性孤独的人难以与他人发展和维持亲密的人际关系，经常感到孤独无援或与他人疏离，因此深感痛苦；情境性孤独和暂时性孤独只是对环境变化的暂时性反应。但是如果一个人长期不能适应这种变化，则易转化为长期性孤独。大学生产生的孤独感多为暂时性孤独，但是也不容忽视。

明确目标、合理规划有助于减少孤独感

刚入学的新生，往往有一些远大的目标，如将来要考研，要出国留学，要拿到国家级奖学金，等等，但因缺乏合理的规划，面对各种各样的目标常常不知所措。因此，他们容易选择"随大流"，生怕自己落单，更害怕寂寞和孤单。如果孩子有了目标，并合理规划，知道每天该做什么，即使感到孤独，即使与别人的想法做法不同，也能坚定地过好大学生活。父母可以鼓励和帮助孩子做一个自己的规划，可以是一整年的规划，也可以是一个学期的，还可以是短到一两个月的。

引导孩子在成长中找到"旅伴"

一名大学生写道:"你想要登上远方的高山/不用因为你所在的村子找不到同行的旅伴而忧伤/放心地收拾行囊/走向远方/孤独是成长的干粮/走着走着/路上你会惊奇地发现一个又一个志同道合的旅伴/出现在身旁/陪你欢笑/陪你忧伤……"父母可以和孩子讨论讨论这样的小诗,了解孩子对这些问题的看法。父母要告诉孩子的是,真正的伙伴是在共同的目标与事业中走到一起的,鼓励孩子在成长、进步中找到志同道合的伙伴,不着急,不自卑,不纠结,在不断地行走、进步中,自会有新的朋友到来。父母要让孩子知道,要合群没错,但要合该合的群,合属于自己的群,放弃那些无用的社交,不要为了社交而社交。

反思家庭中影响孩子人际关系的因素

学习人际交往、建立和谐的人际关系,是大学生成长发展的核心任务。人际关系和谐,被同学、伙伴接纳,对孩子的大学生活会起到很好的滋养作用,会使孩子爱上大学生活。如果孩子长久处于孤独的心理状态,他会产生挫败感、寂寞感甚至变得狂躁。使人产生孤独感的个人因素主要有:缺乏社交技能,对自我评价消极,心理闭锁,怀疑他人等;使人产生孤独感的家庭因素主要有:父母经常干涉、否定孩子,对孩子要求过于苛刻严格,家庭成员亲密度较低,

关系不和睦等。父母要检视自己的家庭教育方式，孩子上大学了要多放手，要反思并改善家庭中让孩子与他人交往缺乏信心的因素。

鼓励孩子接纳当下的自我

大千世界，每个人的性格是不同的。外向与内向、话多与话少、细心与粗心、活泼与内敛、急脾气与慢脾气……父母鼓励孩子处理好人际关系的同时，也要鼓励孩子接纳现实生活中的自我，要告诉孩子无论外向还是内向的性格都是美好的，不要逼迫自己强行合群。同时，要关注孩子在做人方面的细节，真诚、尊重、宽容、有原则、有底线，这些人际交往中的重要准则，父母仍然不要忽视。

2. 先处理好身边的人际关系

一位网名为"前途未卜青年"的大学生在"知乎"上写道：

大一时学习成绩还不错，尽管一个人也经常会去图书馆，和室友相处得也还算融洽。事情的转折发生在大二，我拿到了国家励志奖学金，而宿舍里的其他人都挂科了。再加上我经常去图书馆，和室友们在一起的时间有点少，室友 D 和 W 开始孤立我。我害怕被孤立，于是整个大二上学期几乎没有去过图书馆，整天和室友们混在一起，成绩也下降了很多。大二下学期，意识到自己上学期过得太颓废，再加上要准备四级考试，我早出晚归在图书馆待了两个月。这时 D 和 W 对我更加不满了，晚上回到宿舍后都没有人跟我说话。和我说话的人会被 D 骂，W 有点像是 D 的小跟班，所以在六人间尽管只有 D 不喜欢我，但我的日子并不好过。

有一次，朋友来宿舍找我，我不在，问我去哪儿了，W 满脸不屑又阴阳怪气地说："她呀，除了图书馆还能去哪儿！"最让我感到尴尬的一件事情是：一个周末，我在图书馆看书看得头昏脑涨，于是下午就回宿舍了。两个本地的室友回家去了，另一个去找男朋友了，宿舍里只有我、D 和 W。我打开电脑准备看点综艺节目放松一下，刚看了几分钟，D 和 W 就在宿舍里煮起了火锅。六人间就那么点大，在我身后啊，两人边吃边聊，全程没有跟我说过一句话。我觉得尴尬就到隔壁宿舍避难去了，等到她们吃完才回来。

一些大学生在学校里会遇到类似的事情。这些事情看起来不大，但是却很堵心，甚至让他们害怕、厌恶大学生活，给大学记忆蒙上了一层阴影。

大学校园就是一个微型社会，孩子进入大学后，首先要面对的就是人际交往。大学的人际交往与中学不同，人际关系既松散又紧密，有着独特的大学特色。说大学的人际关系松散，是因为大学不像中学那样，同学们一整天都在一个班级上课，几乎形影不离。大学里有必修课也有选修课，因为选课不同、活动不同，一天内同学间往往相处时间并不长，甚至几天都不在一起上课、活动。大学的人际关系又很紧密，这是因为上大学后大多数学生是要住宿舍的，日常生活的很多环节都与宿舍同学在一起，而不像中学那样，放学后各回各家。紧密生活在一起既会带来亲切感，也易引起摩擦，也许会使孩子遇到一些人际交往方面的问题。例如，因为地域、文化、生活习惯方面的差异等与同学相处不够融洽，甚至被欺负、被孤立等。这也是很多大学生父母担心的问题。毕竟孩子在进入大学前大多在父母眼前生活，现在远离父母，如果人际交往方面的问题处理不好，有可能成为孩子大学生活的"拦路虎"。

宿舍是大学生操练人际关系的演练场

孩子进入大学后最先遇到的挑战往往是与宿舍同学的相处。有的孩子在上大学前一直在家里居住，没有住过宿舍，一下子几个人住在一个房间，非常不习惯，更难以适应。宿舍是大学生操练人际关系的演练场，夸张点说，宿舍可以是一个汇集大大小小矛盾、随时硝烟四起的"小战场"，也可以是一个温馨和睦的新家庭。孩子学习在宿舍里和大家相处，是提升人际交往能力的第一步。

所以，父母要注重引导大学生孩子与本宿舍、本班、本年级同学和谐相处，从身边的交往做起，逐渐扩大到更大范围的人际交往，智慧地解决各类人际交往障碍。父母既要了解孩子的心态与想法，也要了解孩子的生活状态，这样才能给孩子有效的成长指导。大学期间虽然是学习知识、形成观念、培养能力的重要阶段，但是人际关系的影响也不可低估。拥有良好的人际关系，是大学生活及未来人生的美好礼物。

父母要做到"知己知彼"

在孩子中小学时，父母对孩子的朋友大多了如指掌，对孩子一天的行踪也很清楚。但是，孩子上大学后，父母认为孩子长大了，孩子也大多不在父母身边，多数父母并不太了解孩子的朋友圈子，也不太了解孩子在学校的表现与心情，因此往往难以给孩子有效的

帮助。父母要了解孩子与朋友交往的习惯、特点、性格等，做到"知己"；父母也要善于通过各种渠道了解孩子的朋友圈子——室友、同学、同乡、校友、老师、辅导员，甚至孩子在网络上、社会上交往的朋友，做到"知彼"，并经常给孩子一些提点。

小贴士　制约孩子与他人正常交往的"拦路虎"

——观念上的误区：或认为专业人才不必注重人际交往，靠专业实力说话；或认为人际关系是热衷于政治的人的行为，自己志不在此；或认为人际关系是虚与委蛇，真话假说，自己不屑于此；或认为人际交往是一种"拉关系"行为，总与不正之风有千丝万缕的联系，自己不能苟同……

——自我定位的不准确：一方面，或因在中学时期有"辉煌历史"，或因进入大学取得了一定的成绩，或因家庭经济富裕，等等，产生优越心理，表现出自傲和自负，瞧不上同学，怀疑别人的能力；另一方面，大学人才济济，或因在激烈竞争中失去优势，或因家庭情况、自身生理等原因，变得气馁自卑、脆弱敏感。

——不良性格：孤僻、狭隘、虚荣、嫉妒……

——语言技巧薄弱、礼仪常识缺乏。

……

保持与孩子沟通顺畅

善于倾听与观察、与孩子平等交流、给孩子信任，是父母与大学生孩子沟通的基本原则。如果父母滔滔不绝、批评指责，孩子更不愿意把在学校遇到的问题、困惑跟父母说。对大学生孩子，父母更要管住嘴巴，多用心多用情。父母可以选择微信、QQ、电话等即时通信工具与孩子沟通，也可以选择书信等传统方式表达对孩子的关怀。另外，如果有可能的话，父母还要与孩子的同学、朋友、老师、辅导员建立适当的联系，从不同角度了解孩子在学校的情况。这样，如果孩子在学校遇到交往困境，父母更容易第一时间了解到。

提醒孩子全面看待自己与他人

作为年轻人的大学生血气方刚，看问题容易不够全面，甚至对他人更挑剔与苛刻。父母要时常提醒孩子，在新环境里，同学之间存在明显的文化差异、地域差异、生活习惯差异等，家庭环境与家庭教育也各不相同。不同的成长背景造就不同的人，要用全面的眼光看待他人。要多肯定他人，更要正确认识自己，无须有多大的优越感或自卑感，更不能为彰显个性、显示能力而我行我素。只有用真诚的心与同学交流，用宽容的眼光去看待同学，才能与同学和谐相处。比如，父母可以和孩子聊聊大学生活，聊聊宿舍、班里的同学，让孩子讲讲同学们的闪光点。多提醒孩子换位思考，发现他人的优点，了解人与人之间的差异，多向他人伸出援手，多理解他人的想法。

鼓励孩子多与同学进行共同的活动

一个宿舍或班级的同学，应有些共同的活动。很多次"一起"

的活动，构筑了共同话题，也建立了共同记忆，有利于同学之间增进感情。当孩子大学毕业时，甚至多年以后，回忆起这些"一起"，都是难忘的话题。父母要鼓励孩子尽量多与同学一起参与、组织积极有益的活动。例如，一起去志愿服务、旅游、看比赛、阅读……这些都是很好的活动，既能增进感情，又能给年青学子带来情感满足。

告诉孩子与朋友交往的底线

大学的人际关系也绝非只有阳光没有阴霾，有的大学生因为各种原因被同学孤立或欺凌。父母也要告诉孩子与伙伴交往的底线，即保持尊严，与同学平等相处。遇到被欺负、嘲笑的情况，要有应对能力与方法。父母要在与孩子的书信、电话交流中，了解孩子的情绪与心情，与孩子沟通对待校园欺凌的方法，让孩子既能享受同学情谊又能平平安安。

3. 在团队生活中发展自我

大学的另一个特点是有很多团队，班级、党小组、团小组、各类社团、项目小组等等。如果说宿舍是大学生操练人际关系的演练场，那么团队就是培养孩子交际能力的第二课堂。有的孩子团队意识很强，上大学后热衷各类社团活动，整天忙忙碌碌；也有的孩子不喜欢团队生活，更喜欢单独做事或独处。

虽然大学生学习独处非常必要，但是学习在团队中发展自我也很重要。团队生活既能给孩子带来快乐，也能丰富他们的人生经验，使孩子锻炼能力，发展更持久更成熟的人际关系。初中高中也有社团活动和各种班团小组，但大学里各种活动和团队更多，需要大学生参与的程度也更深入。所以，父母要鼓励孩子进入大学后积极参与团队生活，与团队成员融洽相处，既壮大集体又成就个人。

小贴士

国际21世纪教育委员会于1996年4月向联合国教科文组织提交了报告《教育——财富蕴藏其中》。报告指出：为了实现人的全面发展，教育必须围绕四种基本的学习过程来重新设计、组织。即学会求知、学会做事、学会共处和学会做人。其中，学会共处是指培

养在人类活动中的参与和合作精神，也就是要培养学生的团队精神。很多企事业单位在录用员工时，都把是否具有团队精神作为重要的考察点。例如，全球第三大软件公司 EDS（电子资讯系统）公司全球副总裁、大中华区总裁约翰·宜根先生在对大学生发表演讲时就说："学好软件重要，掌握与人沟通、合作的技巧更重要。在 IT 行业，团队精神与技术水平同样重要。"

父母要先改变观念

大多数父母都特别关心孩子的学科成绩、年级排名等，希望孩子一路学士、硕士、博士、博士后读上去。父母的这个关注点自然无可厚非，但是父母还要关注孩子在团队中的感受与行为。这是因为团队是锻炼孩子能力、提升孩子素质的重要场所，也是丰富孩子的精神生活、促进孩子心理健康发展的重要场所。团队活动有利于孩子拓宽朋友圈，在不同的团队中，与不同的人合作，向不同的人请教，仿佛是一份份营养大餐，既给孩子带来精神愉悦，也拓展了他们的视野与阅历；团队活动能给孩子更多力量，一个人或许"走得快"，但往往缺少坚持，也缺乏宽阔的视野，在群体中大家互相鼓励、互相信任、互相扶持、互相监督，更能"走得远"；团队活动有利于培育孩子的大局意识，在团体中摆正自己的位置，这也是将来孩子走上工作岗位必备的意识。

父母需要避免过于注重孩子知识、智力和技能的发展，忽视孩子的情绪、交往与合作能力的做法，要多鼓励孩子参加各类团队活动。

提醒孩子避免不良的人际关系模式

某些团队虽然不是班集体、宿舍那样相处比较密切的集体，但在团队中的生活也是一种集体生活。在团体中要特别注意避免不良的人际交往模式，才能发展顺利。父母要给孩子一些提醒。例如，有的大学生习惯把自己在家里的一些行为带到团队中，以自我为中心，总想自己说了算；有的大学生不善于沟通，在群体中沉默寡言，似有如无；有的大学生缺乏爱心，对团体中的人或事漠不关心、无动于衷；有的大学生习惯孤芳自赏，总觉得自己在各方面都比别人强；还有的大学生有较强的操纵欲望，甚至盛气凌人……这些都是团队中的人际交往大忌。父母既要提醒孩子，也要和孩子多讨论，让孩子通过讨论进行自我教育。

对孩子的社团活动感兴趣

社团活动是大学生活的重要组成部分，仅次于课堂学习。甚至，在很多大学生心里，社团对他们的吸引力更大。父母也要对孩子的社团活动表示感兴趣，多鼓励孩子讲述一下参与社团活动的感受。只要孩子愿意讲，父母就要耐心听认真听。父母还可以通过微信、QQ、电话等了解孩子的课余生活，了解他们在社团里的收获等，父母的兴趣也会给孩子带来信心。

在家庭中也能培养孩子的团队精神

孩子寒暑假在家时，鼓励孩子为街坊邻居做些事；身边有人遇到困难，父母要及时出手相助，也可以带动孩子或鼓励他们去帮助他人。父母如果有便利条件，可以为孩子参与团体活动创造些机会。例如，父母可以利用自己的人际资源，为孩子策划一些社团活动，给孩子提供更多锻炼机会；父母还可以给孩子提供部分参加团队合作的费用等。这些都是父母给孩子的支持，也是培育孩子团队精神的良好契机。

回顾与思考

1. 你与你的孩子讨论过对大学及大学里的人际关系的认识和看法吗？

2. 选择合适的时机，给你的孩子写一封信，聊聊人生中独处时光的美妙和拥有志同道合的朋友的美好。

3. 你是否了解孩子在大学的朋友圈，尤其是与宿舍同学的关系？

4. 你对大学社团有关注吗？你为孩子参加社团活动提供了哪些支持？

3

合理关注孩子的生活方式

1. 不一样的大学生活

"吃过饭了吗？""最近天冷，记得多穿点衣服。""晚上没事就早点上床休息。"以上对话，各位父母可能觉得很耳熟，这是最典型的中国家庭通话录。当孩子在外求学，不在自己身边时，父母最关心的还是他们的日常生活。健康的生活方式往往会带来良好的精神风貌，是孩子终身发展的基础。然而，从父母陪伴左右、师长叮咛在侧的相对简单、单纯的环境到大学这种相对松散、复杂的"社会"环境里，大学生的生活方式会发生根本性的变化，父母不仅要了解这种转变，也要对孩子在大学期间的生活方式给予合理的关注。

从封闭到自由

中学生大多过着从家门到校门两点一线的生活，日常接触最多的是家人、老师和同学，生活空间较为封闭。中学生面临着巨大的升学压力，处在家长和老师严格的管教、监督下，享受着"衣来伸手，饭来张口"的"保姆式"生活。学生的生活起居、衣食住行、看病就医等一切都由父母安排妥当，学生本人通常"十指不沾阳春水"，花钱不用考虑量入为出，生活无须自己打理，独立生活的能力非常欠缺。

大学的管理相对松散、自由。没有了固定的班级和教室，没有了整齐划一的作息时间，没有惯常例行的集体活动，没有家长和老师的严格监督，衣、食、住、行全都要孩子自己去规划、去安排、去解决，个人自由得到了空前的"解放"，但要想将学习生活安排得很满意，还必须培养其较强的独立生活能力。

从单一到复杂

中学生的人际交往通常被限制在极小的范围内，人际环境比较单纯。而大学生来自天南地北、五湖四海，生活习惯、兴趣爱好、脾气性格千差万别，宿舍集体生活对娇生惯养长大的独生子女来说是非常大的挑战。除了老师、同学，孩子交往的对象还有同乡等各种各样的"社会人"；除了参与学校里党团组织、学生会、班委会等正规组织活动，还有凭兴趣、爱好结缘的学生自愿组织和社会组织的活动，人际活动越来越多，人际环境和关系越来越复杂。

从他律到自律

从残酷的高考竞争中挣脱出来的大一学生，没了让人窒息的升学压力，没了满天飞的试卷，没了老师的叮嘱，犹如脱缰的野马，逃出牢笼的飞鸟，拥有大量"自由"支配的时间，突然呼吸到"自由"的空气，想要充分"享受"大学生活的乐趣，外加理想不明确，对未来的规划很模糊，容易抱着"松一松，懈一懈""过一天是一天"的心态，"脚踩西瓜皮，溜到哪里算哪里"，虚度光阴而不知。这就需要父母时常警醒孩子，帮助孩子养成自律的习惯。

大学生活以学生自我管理、自我教育、自我服务和自我约束为主，但有一些制度"黄线"，比如学习上被"罚黄牌"（如不及格、留级），纪律上"闯红灯"（如考试作弊、打架伤人等），都要付出相应的代价。这种制度带有无形的强制力，没有了师长的耳提面命，孩子要自己去了解和适应新的社会规则，父母要帮助孩子迈出自我管理、自我激励的第一步。

自胜者，必先自律，优秀首先是一种习惯。没有自律，奢谈成功和梦想。为了让孩子适应大学生活并进一步走向成功和卓越，父母可从时间管理、健康管理、财富管理三个方面入手，帮助孩子养成自主、自律的生活方式。

2. 好的时间管理造就精彩大学生活

中学阶段几乎每个孩子的生活模式都是类似的，大量的课程、作业和考试几乎占据了他们除休息以外的所有时间。到了大学，面对大量可自由支配的时间，如何做好时间管理成为摆在每个大学生面前最重要的课题。

大学生普遍是"夜猫子"

2017 年 3 月，中国高校传媒联盟对全国 20701 名大学生的调查数据显示，23 点之前就寝的受访者占 21％，23 点到零点之间就寝的占 52％，22％的受访者表示在零点到凌晨 2 点间就寝。著名歌手萧敬腾演唱的《王妃》里面有一句歌词，用来概括这一现象再恰当不过："夜太美，尽管再危险，总有人黑着眼眶熬着夜。"

小贴士

科学研究表明：睡眠类型在不同阶段会发生变化，比如婴幼儿是早睡早起的"云雀"，属于早睡型；青少年则是晚睡晚起的"猫头鹰"，属于晚睡型。从十一二岁开始，孩子的生物钟开始延迟。在晚上，他们大脑内褪黑素的释放比成人晚两小时，因此，他们喜欢晚睡。

大学生晚睡有一定的生理基础，但是晚睡不等于熬夜。一般来说，在晚上 11 点钟能够上床睡觉是比较好的，再晚不要晚于 12 点，通宵熬夜更是对健康有极大的危害。最典型的表现就是，前晚熬夜了，第二天人会全身乏力、精神萎靡，严重影响白天的学业、生活。

道理似乎人人都懂，要做到却并非易事。电子游戏、电视剧、综艺节目都是时间的杀手，一旦沉溺，很难拔出。也有学生表示，自己其实并不喜欢熬夜，但是同一宿舍的其他人总是很晚才睡，自己也受其影响，越睡越晚。

小贴士　只有睡得好，才能学得好

每当大考临近，大学生"熬夜"大军的队伍就会愈发壮大。很多大学生喜欢在考前临时抱佛脚，挑灯夜战。这种突击学习的方式是不可取的。布朗大学的科学家曾经对钢琴学习者进行了研究，他们把学习者分成两组，一组学完就睡，一组学完不睡，结果发现前一组学员的弹奏准确率高于后一组。科学家认为，无论是睡眠、午休，还是一天中的若干次小憩，对将所学知识转化为长时记忆来说，休息都是至关重要的。

针对大学生晚睡现象，现在很多学校成立了早睡群、早睡联盟。

父母的约束比较有限，还是应该鼓励孩子加入这些组织，互相监督，形成早睡的良好氛围。比如让同学早晨相互打电话叫起床、晚上发短信督促早睡。室友之间还可以相约一起去吃早餐。通过团队和彼此间的契约，能收到一种互帮互助的效果。不过，除了依靠学校的管理以及同学的互帮互助，父母还应该培养大学生的自我管理能力。毕竟，养成早睡的习惯，是大学生健康生活方式的第一步。

时间管理是每个大学生的必修课

有一个大学生，起点不高，从山西的一个小县城考到北京，又拿到全额奖学金去了美国学计算机，几年后，回国创业，成了国内IT界的名人。有人问他：你觉得世界是公平的吗？

他说：从出身看，不公平；但从时间看，每个人都是公平的。因为每个人一天都是24个小时。

在同一所大学，同一个年级，甚至同一间宿舍，我们总能看到完全不同的两种学生：有一种人每天起床早读，努力学习、积极参加各种活动，每天像打了鸡血一样活跃在各个场合；还有一种人则每天坐在电脑边上玩游戏、刷剧，要不就躺在床上，萎靡不振。同样的起点，四年过后，收获的是不一样的大学生涯。

仔细观察那些优秀的大学生，你会发现他们有一个共同的特点：那就是极度珍视时间，将自己的学习和生活安排得井井有条。比如：

每天早上坚持一个小时的英语晨读，在英语大赛中拿到了一等奖；
每天晚上坚持跑步，一年后开始参加马拉松比赛；周末坚持到一个
公司实习，后来收到该公司的录用通知……

小贴士　六条时间管理的秘密

1. 学会利用鸡肋时间，但不让碎片时间占据自己

2. 划分第二天的任务，给生活埋彩蛋

3. 最好的休息，不是睡觉，而是左右脑的切换

4. 放弃无用的社交，避免无效的争论

5. 不经反思的人生，不值得一过

6. 独处、平静的努力

——李尚龙《大学不迷茫》

引导孩子上好时间管理这门必修课

大学生时间管理意识的缺乏，主要归结为两个原因，一是从小未培养严格的自律，二是缺少强大的原动力——更为长远的奋斗目标和梦想激励。作为父母，你可以从以下几个方面着手：

善意但不唠叨地提醒孩子

父母可以在临睡前给孩子发条短信或者微信，提醒他们睡眠时间将至。现在的女生普遍都很在意自己的形象，女生的父母可以多强调晚睡的恶果，比如会导致皮肤老化、加速衰老、起痘痘等；提醒孩子喝牛奶、泡脚或者戴上耳机、眼罩听点轻音乐等帮助入眠，睡前尽量避免做让自己兴奋的事情；建议孩子在洗漱间的镜子上贴一张便签，在书桌上贴一条警示语，或是在手机屏保上设置一句提醒的话，时刻提醒自己要坚持自律。

少责怪，多鼓励

大学生活非常丰富，时间有限，但是每个人的选择方式是无限的。有的孩子一有空就泡图书馆、实验室，有的孩子喜欢参加社团活动，有的孩子则花很多时间做社会兼职。无论是哪种选择，都需要他们认真思考每项活动的重要程度，再进行合理的时间分配。这种时间管理的能力无法通过课堂获得，而是在父母从小的培养和长大后孩子自身的经验体会中得到提升。孩子上大学后，父母的指导方式，要从命令式、指令式向引导式、体验式转变。父母还可以同孩子分享自己的时间管理心得体会。

帮助孩子制订长期目标和阶段性计划

与孩子讨论他的梦想、他未来的人生目标，将来是考研究生还是工作，如果工作想做什么样的工作，并制订以年或月为单位的阶段性计划，根据计划安排节假日和闲暇时间。同时，将日常学习任务清单化。制订阶段性计划时，明确每一阶段要达到的目标，并不断细化实现目标所需的能力和具体行动，将其落实到每日清单。

发现问题，及早规劝，及时联系学校反馈

曾经有这样的案例，某大学生暑假整日在家玩游戏、看电视剧，甚至每天熬夜到凌晨，父母虽然知道但未及时规劝或进一步沟通交流。当后来因其经常翘课、多门课程成绩不及格被学校通知退学的时候，父母才发现，孩子在校期间也是如此，每天沉溺于游戏网剧，时间管理极其混乱。因此，对于自律性差的孩子，父母要保持足够的关注，多与孩子以及学校辅导员沟通交流，发现问题及早处理。

3. 远离大学里"舌尖上的外卖"

现在的大学生几乎都有过叫外卖的经历，几乎每个人的手机上都安装了专门用来叫外卖的软件。最夸张的是小文同学，用他室友的话形容就是"小文不是在吃外卖，就是在取外卖的路上"。

"食堂的饭菜，吃来吃去就那几样，外卖选择范围广，我中午可以点黄焖鸡米饭，晚上可以叫份披萨，到了夜宵时间再点份馄饨，三餐变着花样来。"小文笑称自己的伙食费基本都贡献给了外卖平台，只有偶尔同学间组织个聚餐才会去外面吃饭。而他根本已经记不清上次去食堂是什么时候，学校发的饭卡更是不见了踪影。

而外卖的便捷性也让小文的三餐变得很不规律，"想吃就吃，现在哪还讲究到点吃饭。有时候觉得不饿，那就熬到9点晚饭、夜宵一起吃。双休日早上睡到中午，连早餐钱也省了"。

小文的观点，也是现在很多大学生对待吃饭的态度。某高校的学生记者曾经在校内进行调查，接受调查的100名大学生中，七成左右饮食不规律，不够重视营养。在这些大学生中，77%的学生不会每天吃早餐，41%的学生甚至从来不吃早餐。

饮食不规律、重度依赖外卖，已经成为当今大学生不良饮食习惯之首。

恐怕绝大多数父母都不愿相信，在家里经常享用绿色有机食品、一日三餐不重样的孩子，在大学里会对吃饭这件事如此不上心。我们这一代父母心心念念的吃饭问题，在大学生眼里早就显得无关紧要。调查数据显示，57%的学生对日常饮食习惯表现出无所谓的态度，认为反正还年轻，身体又不差，少吃几顿没关系。曾经，父母习惯用"吃了上顿没下顿"调侃自己当年生活条件差。但现在，这句话已经成为不少大学生一日三餐的真实写照。

大学生为什么钟爱外卖

外卖符合大学生追求新奇的心理

大学生是一个喜欢求新求异的群体。虽然很多大学生都知道食堂的饭菜更卫生、健康，虽然食堂饭菜也选择多多，但是长期在校园里生活，大学生也特别想"换个吃法儿"。宿舍门口的各种外卖、广告都会引起他们的好奇心；互联网上的各种订餐软件，上面精美的图片、客户的评价等也会使他们轻而易举地被外卖俘虏。日式、韩式、中式、法式、美式……恨不得世界各地的食品都可以在网上买到。这种新颖的餐饮方式，比学校食堂的各类小吃更能满足大学生个性化的、自我表达式的心理需求。

外卖符合大学生追求方便快捷的心理

外卖方便快捷，不用去食堂，不用排队点餐等餐，只需要动动手指支付，食品、水果、饮料就能送到宿舍楼下。即使食堂已经打烊，外卖依然活跃。这对喜欢宅在室内的大学生来说，更符合他们的生活习惯。至于是不是黑暗料理，有没有营业许可证、卫生许可证，年轻的大学生大多很少顾及。因为他们认为自己身体好、健康，不干不净吃了没病，享受、新奇、快捷与理智、卫生、健康 PK 时，前者占了上风。

疏而不堵，做好榜样

对于饮食不规律、依赖外卖的问题，父母要重视，但也不能视为"洪水猛兽"，因为外卖已经在学生中树立口碑，堵不住，只能疏。父母要做的，就是尽可能提醒孩子外卖可能存在的卫生安全、营养缺失的问题，可以用外卖应付非常时刻但不要依赖外卖。

同时，父母一定要以身作则做好榜样，帮助孩子戒掉边吃饭边看手机或者电视的不良习惯。很多大学生喜欢点外卖或者不按时吃饭的原因，无非就是电视剧或者游戏的内容吸引力太强，分分钟都不能错过，但边看边吃、边玩边吃的做法是会影响身体健康的。所以，在家期间一定要戒掉这些有害的"吃饭伴侣"，让专心吃饭的习惯陪伴孩子上大学。

和孩子一起在家做饭

有的父母在孩子小时候就注重培养他们独立的能力，比如让孩子学习买菜、做饭，用闲暇时间为爸爸妈妈做一顿饭等。如果孩子已经具备了下厨的能力，当孩子放假在家时，父母可以鼓励孩子为家人做做饭。如果孩子还不太具备这方面的能力，那更该奋起直追了，父母可以和孩子一起做。一起包饺子、做烙饼、滚汤圆、炒几个家乡菜，或者让孩子做几个大学所在地的菜式给爸爸妈妈品尝，都是用积极的态度鼓励孩子留在家吃饭。一起做饭也能拉近父母和孩子的距离，是一项很好的亲子活动。

父母要重视健康家庭建设

科学饮食，为孩子种下终身健康生活的基因，是健康家庭建设的任务与目标。父母不仅自己要形成健康的生活理念，还要在生活中形成良好的家风。有的父母在认识上就存在误区，认为孩子考上大学了，以后考研、找工作才是重点，生活方面的教育管理任务已经完成，孩子到大学了就应该由学校来管理和教育；也有的父母认为孩子已经长大成人，以前不能做的事情现在都可以做了，中学时孩子吃了那么多苦，现在更可以放手让孩子去享受。在这种理念的支配下，自然难以形成尊崇健康生活方式的家风。父母要特别重视自我的健康素养与健康生活行为，积极纠正生活方式上的误区，自觉做健康生活的典范，给孩子积极健康的生活引领。

4. 让孩子跟"月光族"说再见

近年来，网络消费、校园贷等大学生消费现象和行为持续被社会热议。一笔相同数额的生活费，为什么有些同学学期结束，放假回家还能用生活费余额给父母买点礼品孝敬一下，而有的同学每月中旬刚刚过去，就得勒紧裤腰带、东拼西凑过日子呢？这一现象所折射出的大学生如何建立正确的消费观这个问题，相比较传统的衣食住行的问题，同样值得各位父母重点关注。

不会花钱的"月光族"

"不会花钱"这一现象在如今的大学生中特别常见，因为对花钱没有概念和计划，"月光"这个概念逐渐从白领蔓延到了大学生群体中。到了大学生这个年龄，财务管理所涉及的内容不仅仅局限于如何花钱的基础课程，还包括如何建立财务风险防范意识和自我保护意识的进阶课程。

麦可思研究院"2016大学生消费理财观"调查报告显示：大学生每月平均开销为1212元（不含学费、家庭与学校间往返交通费）。在被调查学生中，超三成大学生曾入不敷出。调查显示，24%的学生偶尔生活费不够用，8%经常不够用。学生生活费不够花，一方面可能是由于个体家庭经济情况等因素导致生活费不足，另一方面也可能是由于学生对生活费使用缺乏规划。

——《光明日报》，2017年2月21日

如果说父母那一辈的大学生消费渠道比较单一、呈线性的话，那么当下大学生的消费渠道则呈扇形，即消费内容分布广。对此，有专家分析认为，"大学生消费习惯的变化与整个社会的生产方式以及整个社会消费观念的转变是相呼应的，个性化、多元化已成为其显著特征"。

相较于当前大学生消费习惯的改变，大学生之间消费能力和消费观念所存在的差距，更应该引起重视。中国青少年研究中心副研究员洪明博士表示，"来自五湖四海、拥有不同家庭背景的孩子们聚到一起，在消费观念和消费能力方面的巨大差距，对很多学生，尤其是那些家庭情况比较困难的学生来说，是一个巨大的考验和心理压力。如果不能正确引导，会引发非常多的问题"。

大学生的消费陷阱

近几年频频爆出校园贷、裸贷风波、女大学生捐卵等涉及财务风险管控的问题。很多大学生自我控制能力差，尤其在花钱方面，基本不具备计划性，"月光"甚至"周光"都大有人在，互相之间喜欢攀比，爱慕虚荣，在正常渠道无法获取生活费来源的情况下，只能铤而走险动起歪脑筋，甚至走上歪路。

一大批网络贷款平台正是打着办理简单、利息低廉的旗号，让涉世未深的大学生误以为就跟室友借钱这么简单，慢慢将他们带入高利贷的圈套。2016年闹得沸沸扬扬的裸贷风波正是这一大学生借贷事件的集中爆发。一些女大学生可以为了一盒眼影、一套护肤品，就拍下裸照，交出亲朋好友的各种信息和资料。最后不仅要偿还数倍、数十倍的高利贷，也把自己置于被迫卖淫的危险当中。为此，父母也需要了解一些金融知识，及时提醒孩子防范消费陷阱。

小贴士

中国银监会发布《关于银行业风险防控工作的指导意见》，明确要求：重点做好校园网贷的清理整顿工作。网络借贷信息中介机构不得将不具备还款能力的借款人纳入营销范围，禁止向未满18岁的在校大学生提供网贷服务，不得进行虚假欺诈宣传和销售，不得通过各种方式变相发放高利贷。

孩子小时候，很多父母不把家庭的真实情况告诉孩子。例如，有的父母骗孩子一个月只有不到1000元的工资，有的父母说家里没有存款还有借债，也有的父母宁可自己节衣缩食也要满足孩子的一切要求。各种不真实的家情教育，使孩子不了解家里的经济状况，要么自卑自怨，要么大手大脚不体谅父母。孩子上大学以后，仍有一些父母对孩子采取满足供应政策，再苦不能苦孩子，只要是孩子张嘴要钱，父母都超量供给。这种做法使孩子即使上了大学并已成人，仍然像小孩子一样不了解家庭真实状况，或不体谅家庭困难，盲目追求高档次的消费。因此，父母要给大学生子女真实的家情教育，让孩子作为家庭中的一员承担起共同构建幸福家庭的责任。父母给孩子的夸大的、虚假的消费承诺，本质上就是一种过度消费，让孩子生活在虚假的生活中。因此，父母也要带头适度消费，给孩子真实的家情教育。

培养孩子的理财观念：量入为出，随时记账

大学生尚未获得经济上的独立，还需父母资助完成学业和提供生活费，消费受到很大的制约，但消费观念的超前，追求高品位、潮流化的心理给他们的消费带来很大的影响，因而帮助孩子养成良好的理财观念和习惯是他们成家立业的人生必修课。

"盈利从预算"，父母不妨参考一下当今企业的做法，就是在每学期初，根据下学期的大致安排列出一个预算，根据这个预算给孩子发放生活费。如果学期结束有盈余，就归孩子自由支配。如果学期还未结束，花费超标，就要求孩子详细说明超支的原因，下学期的预算也要重新制定。这么做，也是为了让孩子花钱更有计划性、针对性和精准性。

小贴士　学会理财，从记账开始

根据蚂蚁金服的数据，超过七成的大学生对提高自身的财富管理技能有着强烈渴望，各学校也在刻意加强这方面的训练。而从父母角度出发，不妨先给孩子定个小目标：从记账开始。记账并不仅仅是为了打消年轻人冲动型的消费念头，还强调建立财务管理的全局观念。现在网上有许多精美的记账小本子，女生会比较喜欢，也有很多专门用于记账的手机软件可供选择。父母可以先督促孩子养成每周或者每月记账的习惯。

把握入学前的最佳教育期

上大学前的这个暑假，是父母教育引导孩子树立合理的消费观和财富观，培养其节俭自立意识的绝佳时期。

父母要根据孩子就读大学所在城市的生活水平给孩子支付生活费。现在很多大学都会在录取通知书里注明每个月生活费的参考标准，父母也可以查阅录取学校的建议或就学当地的平均生活水平。一旦你的孩子每个月生活费都不够用，父母就要引起足够的警惕，可以与辅导员或者其室友沟通，以便及时掌握孩子的消费情况。

对绝大多数新生而言，手机、笔记本电脑"两件套"是入学时的必备品。父母可以借此契机，给孩子一笔预算，让孩子根据性价比综合挑选自己中意的款式，并在这个过程中给予一定的建议。无论手机、笔记本电脑还是以后上大学期间的各种费用，父母都要告诉孩子，适合自己的才是最好的，没必要与身边的人进行攀比，贫困家庭的孩子不自卑，富裕家庭的孩子不炫富，才是正确的财富观。

回顾与思考

1. 有人说，孩子上大学了，各种生活习惯已经定型，家长想管也没有用，你怎么看？

2. 你的孩子在大学的生活适应度如何？你为孩子提供了哪些帮助？

3. 你每个月给孩子多少生活费？生活费的标准是怎么制定的？

4

用好情绪滋养好人格

1. 助力孩子的好情绪

高兴、轻松、嫉妒、害羞、羡慕、愤怒、兴奋、哀伤、恐惧、惊奇、焦虑、抑郁、失望……这些都是人们的情绪体现。所谓情绪，简单地说就是人们通过认知与判断，对外界事物产生的态度。每个人都有情绪，不同的情绪伴随着人们的每一天。情绪不仅影响人的心情，也影响一个人的身体健康、心理状况，影响人际关系与能力发挥，影响学习成绩与职业生涯，甚至影响一生的成长与发展。

大学生这一群体的情绪有着特殊性，既不同于未成年人，也不同于成年人。

小贴士　大学生的情绪特点

（1）情绪具有不稳定性。

虽然大学生比高中生成熟了很多，不再那么稚嫩冲动，但是大学生的情绪仍然具有不稳定的特点。因此，有时父母会看到孩子在微信朋友圈里说自己郁闷、压抑、不开心，正打算打电话给孩子问个究竟时，转眼孩子又发了一个兴高采烈的心情状态。这种情绪状态与大学生的生理、心理特点有密切关系。他们更易在两个情绪极端游走，一会儿嘻嘻哈哈，一会儿多愁善感。

（2）情绪反应更强烈。

大学生也不似中年人那么沉着冷静，不温不火，情绪不轻易外露。大学生正在从不成熟走向成熟，他们还不那么会控制自己的情绪，再加上年轻人血气方刚，情绪更易反应强烈甚至激烈。有的大学生三句话没说完就和人动手打起来了，有的大学生看个球赛喊得楼道里震天响。这些反应也是年轻人情绪的正常表露。他们敏感、自尊心强、易冲动，表现在情绪上就是反应敏感而强烈。

（3）情绪对心情影响更大。

孩子小时候情绪变化受外界环境影响大。刚刚还在大哭，看见爸爸妈妈买来的糖果就会破涕为笑；或者明明正在生气，看见邻居小伙伴走过来立刻笑逐颜开，忘记了为什么生气。这说明孩子的情绪受外部因素影响很大。随着年龄增长，外部环境因素的影响会减小，心情受情绪的影响反而更大。一名处于焦虑情绪中的大学生，很难因为买了一部新手机就不焦虑。如果大学生沉浸在强烈的嫉妒情绪中，父母多给零花钱也难以减轻他的嫉妒心。这正说明了情绪对心情的影响比外界环境对心情的影响更大些。

（4）影响情绪的因素更多元。

大学生的生活环境比中学时更色彩斑斓，大学生认识自己与他人、了解生活与社会的渠道也更多元，影响大学生情绪的因素也比中学时多了很多。中学时，影响孩子情绪的因素主要是自我评价、学习成绩、人际关系等，而大学时环境、知识、目标、规划、能力、学业、就业、交友、恋爱等，都会给孩子的情绪带来影响。

好情绪滋养好人格。好情绪需要积极的情绪调控能力，懂得情绪管理，能建立积极的情绪状态。所谓情绪管理，就是一个人能够认识、了解自己的情绪，能适度控制自己的情绪，也能觉察、区分自己的情绪。对大学生来说，情绪管理尤为重要。绝大多数高校都比较重视大学生的情绪管理，有些学校成立了"情绪管理工作坊""情绪管理学习小组"，有的学校开设了"认识你的情绪"等情绪管理课程。大学生在学校里也会学到一些情绪管理的方法与技巧。而且，很多大学生对情绪管理的价值也有深刻认识，他们自己也会去阅读各种情绪管理的书籍，学习情绪管理的课程。

现在，很多家有大学生的父母也特别关注孩子的情绪管理。对孩子情绪管理的关注，父母不仅要了解大学生情绪的特点，更要注重对孩子进行有效的引导，使孩子拥有较好的情绪管理能力，让好情绪滋养孩子形成健康的人格。

顺应情绪特点进行引导

父母了解了孩子的情绪特点，就要顺应情绪特点来引导他们的生活与学习。例如，父母知道大学生的情绪具有不够稳定的特点，就不要对孩子发在朋友圈的状态"一惊一乍"。有时，孩子刚在朋友圈发了"不想吃饭"，妈妈的电话就会打过来，以致一些大学生只想屏蔽父母。父母知道情绪对孩子的心情影响比较大，就要关注消极情绪背后可能有的心理健康问题。所以，建议父母认真解读上面提到的大学生情绪的四个特点。

根据年级特征进行引导

在本书的第一章里，笔者介绍了大学生四年中心理的变化特征以及成长中易遇到的主要问题。这些问题对大学生来说比较有代表性，父母可结合孩子不同的年级特征，抓住各年级存在的主要问题引导孩子进行情绪管理。例如，大一时易产生适应性问题，那么父母就要认识到如果孩子适应不良，有可能产生孤独、失落、焦虑、嫉妒、自卑等情绪或心理。这时父母就要在树立孩子自信、引导孩子热情待人等方面多做工作。同样，大学四年级时，面临毕业、考研等问题，孩子更有可能出现焦虑、紧张、压抑等消极情绪，这时父母就要在抗挫折、乐观向上等方面多引导。所以，父母对孩子的帮助不能忽视年级特征。

结合性格特点进行引导

大千世界，人的性格各有不同。有的孩子比较外向，情绪也更外化，父母可以一眼看出孩子的情绪状况。也有的孩子性格内向，情绪比较含蓄，不会轻易表露出来。父母大多比较了解孩子的性格特点，要结合性格特点分析孩子的情绪状况。对情绪更含蓄、更复杂的孩子，父母要多些细致的观察；对性格外向、情绪更张扬的孩子，父母可以多进行沟通。

在快乐中传递好情绪

情绪虽然各有不同，但是情绪也会互相传染。美国洛杉矶大学医学院有一位心理学家名叫加利·斯梅尔，他的心理学实验证明：只需20多分钟，低落情绪就会在不知不觉中传染给别人。他让一个乐观的人与一个愁眉苦脸的人同处一室，不到半小时，那个乐观的人也开始唉声叹气。如果父母经常悲观、愤怒、生气、挑剔，孩子也易形成类似的情绪特征；如果父母更平和、宽容、快乐，经常用微笑面对孩子与他人，孩子的情绪也会更健康。所以，父母要注意自己的情绪传递。消极的情绪传递会带来不好的心理暗示，父母要管理好自己的情绪，做成熟的父母，不把消极情绪传染给孩子。

2. 识别孩子的情绪困扰

　　程程到心理机构去咨询。他今年大四，是独生子。小学四年级时父母离异，他一直跟随母亲生活。小学时他成绩名列前茅，高中时就读于本市一所重点中学。高考后被某大学计算机专业录取，但是他自己觉得不理想，希望通过考研到更好的学校去。在大学里他学习很努力，既抓紧专业课又不放松外语等基础课，就这样紧绷着神经一直坚持到大四。现在，眼看着就要开始考研了，他却感到身体出问题了。例如，经常晚上睡不着、白天睡不醒，胃疼，头昏，恶心，脖子僵硬，注意力不能集中，总是感到乏力，记忆力减退，学习效率很低。无奈，他只好到医院去检查身体。做了各种检查，如心电图、脑电图、肝功能化验等，其检查结果都显示为正常。越是这样他越着急，越着急症状就更严重。

　　程程的妈妈并不了解孩子有什么情绪困扰。在她看来，儿子听话、懂事、上进，学习认真，有奋斗目标。后来，儿子出现情绪问题后，妈妈认为儿子学习太累了，经常嘱咐孩子不要那么拼。当孩子假期回到家时，妈妈看到儿子晚上睡得晚，白天不起床，又生气地认为儿子堕落不求上进，为此还跟儿子哭诉自己含辛茹苦把儿子养大不容易。儿子也哭着跟妈妈保证一定更加努力学习，考上好学校。

孩子已经出现了严重的情绪困扰，妈妈的生气与哭泣只能给孩子施加更大的压力。

后来，程程选择了看心理医生，被诊断为学习焦虑症。

一般来说，下面几种消极情绪在大学生中比较常见，需要父母特别注意：

消极情绪	消极情绪的表现及其产生的原因
焦虑	◇焦虑就是经常感到不安、担忧、恐惧，但又不知道如何去解决或预防，常常表现出吃不下饭、睡不好觉、头疼、胃疼、心烦意乱等症状 ◇易引起大学生焦虑的因素有很多，如面临考试、人际关系紧张、对环境不适应等。孩子刚进入大学时，易产生人际关系焦虑，担心没朋友，担心别人瞧不起自己，担心不能与同学较好沟通；面临考试时，易产生考试焦虑，怕挂科，怕英语四级考试分数低，怕小组作业被同学瞧不起；临近毕业，可能产生对未来去向的焦虑，怕找不到好工作，担心考不上理想学校的研究生，担忧出国申请拿不到录取通知书
抑郁	◇经常感到空虚，悲观，爱哭泣，对多数事情缺乏兴趣，失眠或嗜睡，经常感到疲劳，做事无精打采，或过于敏感或过于迟钝，这些均是抑郁症的一些表现 ◇抑郁往往与焦虑相伴相生。当个人的某些需要或目标长期得不到满足时，就可能产生消极情绪，如觉得前途渺茫、生活无乐趣，从而情绪低落、萎靡不振，或者自暴自弃。有些大学生经常会说"无聊""郁闷""没劲""想死"等词，这些都是长期面对压力得不到缓解的表现。对大学生来说，学业压力、人际交往压力、个性、遗传、环境、心理等因素，都是易引发抑郁症的主要因素

续表

消极情绪	消极情绪的表现及其产生的原因
嫉妒	◇嫉妒是虚荣心在作祟，也会使孩子在嫉妒他人的同时倍感自卑。所以，有嫉妒情绪的大学生，往往会有虚荣、自卑、愤怒、压抑等消极情绪纠结在一起 ◇大学生是自我意识特别强的群体，他们很在意自我镜像，希望在别人眼里自己是优秀的，希望得到他人的尊重。如果被尊重的需要得不到满足，或者感觉到自己在一些方面不如他人，大学生就易产生嫉妒心理，如对他人的长相、才华、打扮、所获奖励等方面产生嫉妒。这种消极情绪影响自己的身心健康，也影响与他人的和谐相处。小小的嫉妒也许有利于大学生奋起直追，但是如果嫉妒情绪严重，就会发展成情绪障碍
愤怒	◇容易激动、生气、愤怒，也是大学生群体比较常见的消极情绪 ◇大学生年轻气盛，对某些事物的看法缺乏全面、客观、公正的认识，当客观现实与主观愿望背道而驰时，大学生就易情绪激动，反应强烈，不顾后果做出冲动行为。例如，有的大学生因为同宿舍同学回来晚声音大，就和对方大打出手；还有的大学生因为上课被老师点名批评，下课后把教室的桌椅又扔又砸。这些都是大学生易愤怒的表现。大学生易表现出愤怒的消极情绪，也与一些大学生恃宠而骄、缺乏同理心有密切关系，总认为自己是大学生，比别人强，别人应该礼让三分

　　每一种情绪的背后都会有一些信号，因此，父母要给孩子有益的成长帮助，要善于读懂这些信号，识别孩子的情绪困扰，从而给孩子有效的情绪疏导。

多了解情绪困扰的信号

焦虑、抑郁、自卑等消极情绪，均有一些独特的信号。父母要多阅读一些心理学书籍，了解各类情绪困扰的信号。例如，焦虑的人易表现出烦躁情绪，或者爱发脾气；抑郁的人会因鸡毛蒜皮的事而情绪波动，或者经常说"活着没意思"；自卑的人总是对自己评价很低，对自己嫌弃、不满意……父母应多了解各种情绪困扰的信号，一旦孩子的消极情绪信号灯亮起，父母就能及时发现危险状况。

重视孩子发出的困扰信号

孩子有了消极情绪，总会在各种生活细节中显露出来，父母要做细心的人，不要忽略或轻视孩子发出的消极情绪信号。南京一个网名为"走饭"的女大学生，因患抑郁症于 2012 年 3 月的某个凌晨上吊自杀。她通过定时的时光机发出了最后一条微博："我有抑郁症，所以就去死一死，没什么重要的原因，大家不必在意我的离开。拜拜啦。"其实，回看她的微博与日常生活，已经有很多征兆显示，她有很强的抑郁倾向。例如，她曾多次说过这样的话："活着才累呢，死亡是一种解脱。""人生本身就是一个自杀的过程。""意义这种东西，有意义吗？""安乐死不痛苦，但很贵。""安眠药根本吃不死，就是胀肚，给人抢救时间。""这样活着一点意思都没有，我现在甚至不知道什么是有意思。"这些都是"走饭"发出的抑郁信号，

但是她身边的人却忽略了这些。在"走饭"最后一条死亡微博后面，至今仍有一些青少年在后面留言。其中一个大学生留言说："我爸妈看见了我在手臂上用刀划过的痕迹，他们居然骂了我一顿。"可见父母对孩子发出的困扰信号并不重视。

鼓励孩子向家人倾诉烦恼

孩子有了情绪困扰，有时并不想让其他人知道，因此会故意隐藏、掩饰消极情绪。例如在他人面前假装轻松、高兴、不在意等。一个患有抑郁症的大学生在网上跟网友咨询："我不能去看心理医生，我也不能跟父母坦白，我只能自己扛着，我也渴望能和我有同样抑郁症或者曾经得过抑郁症的人分享一下，聊一聊。我太孤独了，我没有告诉任何我认识的人我的状态，现在已经半年了。我越来越痛苦，怎么办？怎么办！"父母要鼓励孩子把烦恼告知父母。如果孩子不想对父母说，要鼓励他多跟信任的朋友交流。父母也可以鼓励孩子多运动，运动是消解消极情绪的好方法。

接纳孩子的消极情绪

当孩子诉说烦恼时，父母不仅要耐心倾听，还要信任孩子，接纳孩子出现的情绪问题。一个大学生说："我跟我妈说我真想死啊，我妈居然说'你怎么不早死'。"这个妈妈的做法，就是不肯接纳孩子有消极情绪。如果孩子诉说的是好事、高兴事，父母就愉悦；如果孩子说的是不好的事情，常常刚说出口就被父母"怼"回去了。父母不接纳孩子的消极情绪，孩子自己就更不会接纳了。这样，消极情绪就更难消解。

3. 言传身教滋养孩子的好人格

健康的情绪离不开情绪管理教育。很多学校都开设了情绪管理选修课，大学生本人也会通过各种渠道学习一些情绪管理方法。当前，各类与情绪管理有关的书籍、视频、公开课等，如雨后春笋般欣欣向荣。这说明，人们已经充分认识到了情绪管理的重要价值。从各类教材、课程中可以看出，情绪管理似乎是很有"技术含量"的一项能力，也是当代人必须具备的生活技能。

那么，父母能在孩子的情绪管理方面做些什么呢？其实，父母并非没有能力给孩子情绪管理方面的教育。即使父母本身文化水平不高，对情绪管理了解并不多，依然可以给孩子家庭版的情绪管理教育。温馨和谐的家风，父母与邻里团结友爱的气氛，对消极情绪的及时觉知，恰到好处的情绪表达，有了情绪问题不忌讳去心理咨询机构……这些都是父母能给孩子的具有家庭特色的情绪管理教育。这些教育有助于孩子好情绪的形成。好情绪能给孩子带来快乐，能给身边人带来快乐，更能滋养好人格的形成。

因此，父母要了解情绪管理的特征，避免情绪管理的误区。

小贴士　情绪管理的几个误区

误区一：只管理负面情绪

有人认为情绪管理只需对负面情绪进行关注和引导，其实不然。情绪管理是指用理性的思考和行为去对待各种情绪。情绪管理是针对所有情绪的，既包括正面的积极的情绪，也包括负面的消极的情绪，并非只是针对消极情绪进行管理。父母要避免情绪管理的误区，不要以为只有负面情绪出现才需要情绪管理。对生活中出现的高兴、欢乐、狂喜等正面的情绪，也需要理智看待。

误区二：情绪管理就是压制情绪

有人认为情绪管理就是对各种情绪进行压制。比如，悲伤的时候不要大哭，生气的时候不能过于表现出愤怒，高兴的时候只能微笑……因此，很多人在找心理医生咨询时，常会问这样的问题：我怎么才能克制焦虑？我怎样才能不表现出愤怒？这些想法并非科学的情绪管理，情绪是不能制服和打败的，情绪需要正确引导。事实上，压制情绪正是不懂情绪管理的表现。

既然情绪管理不是压制情绪，那么理解与接纳就是情绪管理的前提。情绪是一种客观存在，我们不能让情绪消失，但是我们可以通过识别、理解、接纳情绪，使情绪成为我们生活的一部分，使人与情绪和谐共生。这样即使是消极情绪，它也不会影响人们的理智，控制人们的行动。也就是说，即使生活已经很糟糕，但是这种糟糕并不能影响你的判断与行动。这时，情绪就仿佛一个朋友或者他人，它就站在那里，你可以清晰地看到它，但不会被它左右。

误区三：情绪管理是门高深的学问，很难掌握

也许家有大学生的父母已经认识到了情绪管理的意义，但他们觉得情绪管理是门高深的学问，不确定自己是否有能力做到对情绪进行科学管理，也不确定自己是否能对孩子进行情绪管理方面的教育。事实上，每个人都具备各种各样的情绪，每个人的认知系统与情感系统也在自行运转，在产生情绪时人们也在自行进行调节。这种情绪上的调节也是情绪管理。只不过，需要通过不断学习，掌握高级技能，使这种情绪调节的本能更自觉，更科学。

误区四：情绪管理急于求成

有的父母希望尽快掌握情绪管理的方法，在短时间内解决情绪困扰问题，这种急于求成的想法其实是不懂情绪管理的。情绪管理犹如对生活方式、身材、容貌等的管理，不能一蹴而就，需要日积月累，形成认识情绪、理解情绪、接纳情绪的功力。因此，情绪管理可以说是贯穿人一生的技能。

帮助孩子进行情绪管理，不仅仅是父母对情绪正确认识、引导孩子正确对待情绪，更应该是父母的言传身教、健康的生活方式、正确的情绪表达给孩子潜移默化般的滋养。

父母要有情绪管理意识

孩子上大学了，虽说已经成年，但是情绪管理是每个人一生都

需要去做的事情。父母既要对自我有情绪管理意识，也要对孩子有情绪管理意识。在日常生活中，父母要善于了解、识别自己的情绪。例如，经常反思一下，我的情绪怎样，是无聊、悲伤、愤怒还是愉悦、快乐、平和？我的情绪强度如何，是有点儿焦虑，还是比较焦虑、非常焦虑？是什么让我产生了这样的情绪？如果父母能经常反观自己，自然也能善于体察孩子的情绪。

让积极的情绪相互影响

父母要善于用正面的心态去看待身边的各类事物，也要用积极的心态去理解孩子的生活与行为，这样才能促进自己不断产生积极的情绪。例如，孩子给父母买了一个新年礼物，父母要感谢孩子的孝心，而不是责备孩子花钱多。如果朋友开玩笑有点儿过火，你是生气认为朋友没修养还是认为朋友与你关系亲密？用积极的心态去解释生活中的一些情景，这样有利于积极情绪的产生。父母这种生活态度、待人接物的方式都会影响到孩子的情绪管理。配偶之间、亲子之间，多用欣赏的眼光看待对方，让积极的情绪相互影响。

注重健康生活方式养成

乍一看，似乎生活方式与情绪管理风马牛不相及，实则不然。一个人的情绪与健康有着密切的关系，身体不健康的人，情绪也容易消沉。尤其一些慢性疾病，更是情绪管理的死敌。例如，长期的疼痛会影响人的心情，长期的营养不良会降低人的兴奋水平等。所以，父母要注重健康生活方式的养成。爱运动、爱交往、积极参加活动、营养均衡、有规律的作息安排等，这些都有利于孩子形成积极的情绪体验。

多鼓励孩子体验生活

情绪多种多样。人在不同的情境、不同的体验中会有不同的情绪。也许某种消极情绪在某一特定的情境与体验中得不到排解，不妨换一个情境，有不一样的体验，消极情绪就可能消解。因此，父母可以多鼓励孩子去体验生活，丰富生活经历。多种多样的生活体验，有利于情绪调节与情绪管理。父母也可以鼓励孩子进行适量的有氧运动，有氧运动有利于释放情绪压力。

坦然面对消极情绪

人人都会遇到一些消极情绪，如生气、悲伤、焦虑、压抑……父母要平静地面对自己及孩子的消极情绪，用科学的态度去理解它，接纳它。父母的态度就是给孩子的情绪管理教育。若父母无法通过引导及其他有效的情绪管理帮助孩子走出消极情绪的困扰时，可以求助专业人士或心理医生。坦然面对消极情绪是帮助孩子减少消极情绪困扰应有的态度。

回顾与思考

1. 请结合你对情绪的认识与理解说说情绪对人一生的重要影响。

2. 请说出大学生情绪的常见特点。

3. 大学生常见的消极情绪有哪些？你知道这些消极情绪的表现和产生的原因吗？

4. 情绪管理有哪些误区？

5. 若你的孩子遇到了情绪管理的障碍需要找心理医生时，你能坦然面对吗？你会怎么引导你的孩子呢？

第 五 章

和孩子谈谈情说说爱

5

1. 给孩子美好的爱情教育

孩子上大学了，未来会不会遭遇一场校园爱情呢？如果这个念头始终萦绕不去，父母不妨就这个话题开诚布公地与孩子谈一谈。

当然，那个"最初的愿望"还请先梳理一番：

——上了大学要好好学习，保持好成绩，为将来保研、考研做准备，不要荒废了学业，谈恋爱还是等到大学毕业以后吧。

（缓兵之计？）

——大学生谈恋爱多数以分手收场，大学里谈恋爱纯属浪费时间。

（经验之谈？）

——如果大学期间不抓紧选择，好男孩、好女孩就被别人挑走了。

（先见之明？）

——当爱情降临时顺其自然吧，但爱情可不是大学生活的全部。

（明智之举？）

小贴士

《2016 中国大学生恋爱白皮书》是我国首部大学生恋爱白皮书。该调查数据显示，有过恋爱经历的大学生比例高达 80%。大学期间，男生平均谈恋爱次数 2.3 次，女生 1.6 次。调查发现，83% 的毕业生对在校生的恋爱表示支持。他们认为从学校走向社会后，恋爱会考虑许多现实因素，从而使爱情"变味儿"，恋爱成功率也低。

关注当代大学生的恋爱心理

青春是每个人都有的经历，望着看似长大成人、心智却远没有像他们的身体那样达到成熟的孩子，父母们也是喜忧参半。他们会以回望的姿态搜寻自己的青春记忆，反思成长，提取自认为有益的人生经验传达给孩子；同时，他们还希望了解，伴随着社会的快速发展和人们思想观念的深刻变化，孩子身上会呈现出哪些身心发展特点。

他们渴望尝试爱情

大学校园的氛围宽松而自由，加上在生活节奏、知识水平、思想观念等方面的相似性，异性学生之间的交往机会在增多；而随着大学生性生理发育基本成熟，性心理发展还不稳定，性欲望有所增强，他们与异性交往的需求更加强烈，对爱情的憧憬普遍萌生。

他们在交往中学习爱情

有的大学生把恋爱当"练爱"，认为大学时学习任务不重，可以好好谈几场恋爱，这样才能学会怎样真正去爱。这种想法不能说完全不对，很多人的确是在谈恋爱中学习爱情的。但是，如果仅仅将它作为一场又一场的练习，不仅会给对方带来伤害，也会给自己带来伤害。

小贴士

最经典的爱情理论是美国著名心理学家斯滕伯格在 1988 年提出的爱情三角理论，该理论理性地分析了爱情的各种类型，形象地揭示了复杂的爱情关系，解读了什么是真正的爱情。从中可以看出，要找到并享受真爱不是一朝一夕的事。每个人都渴望拥有真爱，怎样培养获得真爱的能力是每个希望获得爱情的人需要学习的最重要的内容。

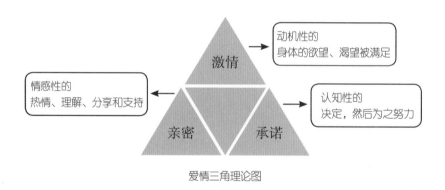

爱情三角理论图

——胡珍、刘嘉主编《恋爱婚姻家庭——大学生性教育教材》（第 2 版）

有的把谈恋爱作为生活补充

大学生恋爱白皮书的数据还显示，有40％的大学生谈恋爱是因为生活无聊。可见，有些大学生谈恋爱仅仅是为了弥补生活的空白，这说明孩子的大学生活不够充实，目标不够清晰。现阶段的孩子课业压力和升学困扰减轻了不少，原来熟悉的"老同学"也多不在身边，还脱离了父母和老师的严密监管，寂寞的情绪占据着每一天。谈恋爱因此成为新的生活动力，有的大学生甚至把这种心理戏称为"寂寞后遗症"。

有的把谈恋爱作为攀比条件

与中学时期不同的是，大学生的自我意识逐渐趋于稳定，一般来说呈现出明显的年级特点。在大一时，孩子的自我意识往往最强，他们对自我认识的主动性提高了，认识的广度也拓宽了，但是仍然存在片面性，容易在比较中产生落差和孤独感。有些大学生在大一时看见同学谈恋爱了，会形成攀比心理，会情不自禁地想：别的同学谈朋友了，我还没有，是不是我长得丑？不招人喜欢？抑或能力不如别人？从而形成自卑、自我否定、丧失自信的心理定式，甚至变得孤僻、抑郁。有些大学生受虚荣心驱使，也匆忙投入恋爱中，觉得这样才更"有面儿"。他们还常抱有"不求天长地久，只在乎曾经拥有"的信条，对爱情的追求过于理想化、简单化。

给孩子适度的指导而不是表态

很多大学生在谈到父母的反对态度时，认为这是"中国式不尊重"，是"爱的控制"。他们之所以有这样的评价，是因为父母的做法是对孩子生活的干预，即把自己的态度强加在孩子的生活选择上。究其根本，还是父母对大学生孩子仍然不放心。

听听"过来人"西西同学怎么说：

大学里，我最后悔的事情就是听了父母的话，没有谈恋爱。爸妈对我的要求是大学期间不能恋爱，要好好读书，毕业后两年内找到一个待遇好的工作，最好是事业单位或考上公务员，三年内找到男朋友结婚。当然，没谈恋爱还有一大原因是我确实没有遇到我的Mr. Right，不愿意将就。

恋爱是一门学问，在恋爱中你会发现真实的自己，也会通过恋爱提升情商。情商不够高的人，谈恋爱时会暴露很多缺点，恋爱也多半不会成功。因此很多大学生都把恋爱当作大学的"必修课"，父母不让修怎么行？现在不修这门"必修课"，以后遇到真正喜欢的人，什么恋爱技巧都不懂，那才是真吃亏呢！

有的同学毕业后回到老家，回到了父母身边，就开始被父母逼着结婚生子。大学时不让谈恋爱，一毕业就要我们结婚，对方最好还是一个优秀男孩，还要有房有车，真是想得美！有的父母安排相亲，以为这样就能遇到中意的人，可就算真的遇到了，又有几个青年喜欢这样的相遇！

况且，大学毕业后再谈恋爱，对于初入职场的我们来说真是够千头万绪的了。说好的两个人一起泡图书馆、一起吃食堂、一起骑车旅行的无忧无虑的日子呢？如果"纯粹的校园爱情"还没感受到，就匆匆忙忙踏进了现实的婚姻里，真不是美好的人生啊……

父母是否意识到，孩子已经是成年人了，他们有权利决定自己的生活。相应地，父母就需要以一种新的对话方式让家庭教育继续有效地发挥作用。在这件事情上，孩子并不需要父母的表态（事实上父母也很少阻止得了），他们真正需要的是父母的尊重与指导。父母与其担心孩子谈恋爱被骗、影响未来发展、身心受到伤害（这种风险以后也会存在呀），不如把心思用在对孩子的适度指导上。虽然不能保证孩子会严格地遵守，但至少可以避免孩子在一种"道德真空"或"价值冲突"的状态下运转，那才是最大的危险。

父母可以借鉴高校根据不同年级确定的性道德教育的具体内容给予孩子一定的引导，并根据孩子求知的实际需要进行调整，比如大一阶段重在性知识的普及和异性交往的规范；大二、大三重在恋爱指导、爱情伦理教育、性行为规范引导；大四重在婚姻家庭伦理教育。

一位教师妈妈说得好："作为一个母亲，一想到女儿以后要是被坏小子欺负了就好心烦，估计她爸爸也是一样的想法吧。但是我们会给她把道理讲清楚，三观树立正确，剩下的她自己选择，自己负责任。"

减少爱情"风险"的重点是把关人品

也有很多父母并不反对孩子在大学期间谈恋爱，但是会给孩子规定一些硬性条件。比如，家要在大城市，将来要有正式工作，个子要一米八以上，家里要有房，最好是独生子女……这些世俗化的条件和标准让孩子觉得父母很庸俗，给自己增添了精神负担，导致有的大学生已经开始谈恋爱了也不敢告诉父母。

父母提出的这些条件，无非是担心孩子小不懂事，多教教他们一些择偶标准可以减少爱情"风险"。教孩子规避风险是对的，但建议父母把重点落在对"人品"的选择上。比如多给孩子讲讲：怎样区分自私与自我保护？对方是节俭还是抠门儿？怎样看待门当户对？谈恋爱能不能花对方的钱？对方是大男子主义还是有男人气概？是性格温柔还是没有主见？这些问题父母都可以与孩子聊聊，把有些话说在前面，这样既可以了解孩子的想法，又可以表达对孩子的爱与关心。这样，当孩子面临选择、诱惑或挑战时，即使父母没有在场，这些内容也会言犹在耳，提醒孩子三思而后行。

在顺其自然中培养正确恋爱观

对大学生孩子谈恋爱不苛刻不强求、顺其自然的态度，有助于父母与孩子保持良好的亲子关系，营造和谐的家庭交流氛围，这对父母在孩子遇到情感问题时能否取得孩子的"信任求助"非常关键。

虽然孩子上大学了很少在身边，家庭对其影响有所削弱，但是父母的行为方式、教养方式和品德修养仍然会对孩子行为习惯的养成、理想志向的确立和道德素质的形成产生潜移默化的深远影响。比如，夫妻相亲相爱，说话温暖柔和，关心照顾老人，与孩子平等相处等，这些都起到了良好的表率作用。父母还可以通过家长里短、新闻事件等各种契机与孩子沟通对爱情、婚姻的看法，把培育正确恋爱观作为孩子的爱情教育基础。

2. 守护青春性健康

孩子在大学期间谈恋爱，最让父母（女孩父母更甚）担心的恐怕是孩子发生婚前性行为了。尤其是那些对大学恋爱结果并不看好的父母，更是担心会给孩子带来伤害。

2016 年 9 月 26 日，中国计划生育协会发布的《大学生性与生殖健康现状调查报告》显示，约七成在校大学生接受婚前性行为，超过两成的大学生有过性行为。在已发生过性行为的调查对象中，45.6% 在 11~18 岁之间发生第一次性行为，男性发生过性行为的比例（28.4%）显著高于女性（14.9%）。大学一年级学生发生过性行为的仅占全部被调查一年级学生的 15%，在四年级（包括五年制本科的五年级）学生中比例提高至 43.4%。在有性行为的女性人群中，10.1% 有过怀孕经历，重复怀孕比例为 3.2%；在有性行为的男性中，11.8% 曾造成对方怀孕。有 360 人报告自身或伴侣有过人工流产经历，占发生过性行为的调查对象的 9.9%，其中，有"重复人工流产"经历的约占 1/4，7.8% 曾经历"超过 3 次人工流产"。

有些大学生情侣建立起了健康和谐、充满爱和责任感的性关系，然而还有一些大学生，对"性自由""性解放"等观念比较认可，认为"青春是用来挥霍的"，因而对性行为更加放纵。大学里也存在"相爱快分手也快"的现象，在还没考虑清楚时就爱上了，在还没经过深入了解与磨合的时候就分手了。大学生性生理的发育与性心理的冲突、性欲冲动与性道德要求的矛盾仍然是困扰他们的一大顽疾，这使得父母在对孩子进行性教育的时候面临巨大的挑战。

需要提醒的是，有时，父母想和孩子谈及性的话题时，不要被面前这个两眼放空或一味拒绝的孩子所困扰，要相信，在孩子的内心深处，是十分欢迎父母的主动做法的。

挑战：从"普及知识"切换到"改变态度与行为"

从生理与卫生知识、性病／艾滋病知识、避孕知识和性骚扰4个方面33个知识点对大学生性知识的掌握情况进行调查的结果显示，大学生对性知识的掌握情况令人担忧，当代大学生的婚前性行为在逐渐增多，而性知识基础薄弱。

性知识掌握相关情况

项　　目		生理与卫生	性病／艾滋病	避孕	性骚扰
知识点／个		13	8	6	6
正确率／％	男生	65.2	65.4	30.4	25.6
	女生	67.5	61.2	32.2	28.9
平均正确率／％		66.4	63.3	31.3	27.3

目前，有些大学开展的性教育选修课程、知识讲座大受欢迎，父母给孩子选择的相关图书被孩子经常翻阅，也反映了大学生渴望从正规渠道学习性知识的心理诉求，避免受网络上不良信息的干扰和在无师自通中暗自摸索。而在实际生活中，很多大学生往往因为种种原因拒绝使用避孕方法，发生不安全性行为。《大学生性与生殖健康现状调查报告》指出，性活跃比例高、避孕方法使用少等从侧面反映了大学生在避孕问题上所具备的知识与实际态度、行为的脱节，建议将目标从"追求短期知识普及"转为"实施长期行为态度改变"。

如果你听过消防讲座，一定会对讲解员所说的话"火灾并非只是发生在别人家"印象深刻。同理，大学生正处于性成熟、选择性行为的关键时期，作为父母的你，要想方设法地让孩子认识到不必要的怀孕和性传播疾病并非只是发生在别人身上的事，如果他们不能有意识并恰当地避免不安全性行为的话，这样的后果可能真的会降临。

小贴士

人乳头瘤病毒，简称 HPV。目前有 14 种 HPV 类型被列为"高风险"，因为已经证实它们会导致几乎所有的宫颈癌。其中，两种风险最高的病毒株 HPV-16 型和 HPV-18 型可导致约 70% 的宫颈癌病例。

HPV 主要通过性接触传播，所以每个性活跃的女性都存在感染致癌性 HPV 的风险。此外，HPV 的感染还可通过直接接触感染，比如手接触了带有 HPV 的物品后，在如厕、沐浴时有可能将病毒带

入生殖器官，或者是生殖器官接触到带有 HPV 的浴巾等物品，都有可能被感染。HPV 感染在女性中较为普遍。

基于 HPV 疫苗的良好临床保护效果及安全性数据，世界卫生组织（WHO）鼓励在合适人群中（青春期女性是接种的首选人群，最好在初次性生活之前完成接种）使用 HPV 疫苗来降低宫颈癌的发病率。值得注意的是，即使接种了宫颈癌疫苗仍然应定期进行宫颈筛查。

——《总局批准人乳头瘤病毒吸附疫苗上市》，国家食品药品监督管理总局官网，2016 年 7 月 18 日

警惕：性道德责任感的缺失

恋人之间不像夫妻之间那样具备法律关系，要维系长久的爱情，

主要靠道德自律发生作用。因此，很多大学生在做要不要进行婚前性行为的决策时约定，只要作为成年人的大学生双方能遵循"自愿、无伤、合法、秘密"等原则，并能够为相应的选择承担责任的话，那么这种选择就是合理的。这在道德上无可厚非。

由于当代大学生性道德观念逐渐开放，性道德价值取向也出现多样化的趋势，存在着性、爱、婚相分离的情况，那么性道德责任感的缺失就在所难免。有些大学生因为排解孤独而走在了一起，一开始就没有认真对待爱情，这是对自己不负责任；有些大学生面对女友怀孕选择逃避，毫无担当，给对方造成很大的身心伤害，这是对他人不负责任；还有的大学生往往从性吸引力的角度来理解爱情，不懂得在交往中投入情感、互相理解和无私奉献，频繁更换恋爱对象的行为还会给社会造成极大的危害，这是对社会不负责任。

大学期间是确立性道德观念与意识的最佳时机。父母要教育孩子做一个有责任感的人，从孩子与对方确定恋爱关系起，就让孩子明白在爱情生活中权利和责任是统一的，需要双方以高尚的道德情操和道德人格去促成；同时也要让孩子明白爱情具有专一性和排他性，相爱双方都要做到忠诚、感情专一，在金钱、地位等的诱惑面前能自觉抵制。

疏导：找到性能量释放的方法

对年轻的大学生来说，性需要是一种青春能量，应得到及时的疏导。当出现性欲冲动后，如何正确地释放、控制和调节，使之符合社会道德规范的要求，是孩子和父母都应正视的问题。父母可以利用节假日或寒暑假，多花时间与孩子共处，鼓励孩子培养各种兴趣爱好，并为孩子提供探索新事物的机会。引导孩子在各类具有挑战性和有价值的活动中，保持忙碌，且目标明确。这样既能帮助孩子在活动中扩大人际交往，又能提高孩子的性适应能力，使孩子对爱的渴望、需求得到合理的释放与转移。

小贴士

性心理健康是指个体具有正常的性欲望，能够正确认识性的有关问题，并且具有较强的性适应能力，能和异性进行恰当交往，在免受性问题困扰的同时，还能使之增进自身人格的完善，促进自身的性与生殖健康的发展。

3. 远离危险的异性交往

2016 年底，一个在日本留学的女孩被闺蜜的前男友杀害。在媒体对案件的不断报道中，一个网友自称曾经与该男子谈过 1 个月恋爱，因发现其言行比较偏激而提出分手。结果，该男子纠缠不休，到宿舍门口吵闹争执，甚至强行把她带到偏僻地带，对她拳打脚踢，暴力相向。从该男子的种种行为可见，他的确存在阴郁、偏激的性格特点。人们在为这位女网友果断分手而庆幸的同时，也发出了远离危险的异性交往的警示。

对孩子的异性交往保持关注

当得知孩子开始与异性交往时，父母往往会好奇并急切地想要了解对方是什么样的人。父母可以在与孩子的交流中边听边观察，获得第一手资料，而不是道听途说，四处打听。在和孩子聊天时，可以从一些轻松的话题入手，比如问问他与异性交往时的感受：与他交往，你快乐的时候多还是不快乐的时候多？你常常觉得内心很宁静还是很焦躁？想起他时，你的心里是甜蜜蜜的、没什么感觉还是不愿想起来等。如果孩子说得不具体，父母可以启发孩子联系近期发生的事，以此了解孩子的恋爱状态。父母还可以与孩子探讨他们希望获得什么样的恋爱关系，以及对目前拥有的关系进行评价，以此了解这段恋情对孩子产生了哪些影响。对孩子的异性交往保持关注，是及早发现问题的前提。

小贴士

当爱情成为一个人成长和前进的巨大动力，个体在一段恋爱关系中感觉到充实和完满，同时自己的其他人际关系比较和谐，学业或事业也蓬勃发展，那么这段恋爱关系就是建设性的。反之，则是非建设性恋爱。建设性恋爱对大学生发展的促进毋庸置疑，非建设性恋爱对大学生造成的不良影响也不小。

教孩子透过性格"识人"

远离有偏执心的人

有的人从小到大都在顺境中成长，父母、朋友都是顺着他的，他几乎没有遇到过挫折。因此，在遇到情感挫折时，比如被拒绝、被要求分手时往往无法接受，要通过威胁、纠缠、自残等方式去挽回感情。对这种行为的出现要格外警惕！这样的人表面上看好像很爱对方，但其性格的本质是过于任性、不能被违逆。即使他很优秀，也要保持一定距离。

远离醋意过重、占有欲过强的人

这样的人在异性交往中希望对方都听他的，将对方的一些信息、行踪"尽在掌握"中。如果看到对方与其他人交往，哪怕是正常来往，在他的眼里也成了越轨、背叛，要么醋意大发、叽叽歪歪，要么疑心重重、冷嘲热讽。反之，如果对方乖乖听话，身边没有任何其他异性出现，他就会表现得相当体贴，一举一动都让对方觉得爱情甜蜜得"齁死"人。跟这样的人在一起，心累。

远离有暴力或冷暴力行为的人

无论何时，无论何种理由，在恋爱关系或要发展到恋爱关系的异性交往中使用暴力行为，都应该采取"一票否决制"。一次使用暴力后，往往会形成习惯，动不动就大打出手。也有的人，虽然没有打人的行为，但是习惯采取冷暴力来处理矛盾，比如漠不关心对方，将语言交流降低到最低限度等，日复一日，造成对方心理创伤。冷暴力往往更伤人，而且伤人更久。所以，遇到这样的人也要唯恐避之不及。

远离脾气暴躁、动辄吵架的人

有的人脾气暴躁，经常发火，甚至是没来由地发火吵架。虽然并不一定是针对你的，但是处在亲密关系中的人要学会判断，今天他这样对待别人，明天也有可能这样对待你。

大学生小王对同班女生小芳展开追求，两人相处时也对小芳照顾得无微不至。小王经常在公交车上帮小芳抢占座位，甚至不惜和别人恶语相向，在拥挤的公交车上宁肯自己站着，也要让小芳坐得舒服。小芳虽然觉得小王对自己体贴备至，但经常会觉得非常尴尬，很丢面子。从小受到的谦恭礼让的家庭教育，使她对小王的行为感到很难理解，多次提醒也无效。在和家人就小王的情况进行交流后，小芳进一步确定了自己的想法，认为自己很难适应小王的行为习惯，婉拒了小王的追求。

培养孩子自主决策的能力

大学生在与异性交往的过程中，不可能每一件事情、每一个问题以及它们的变化进展都有人随时给他做出指导，即便是有人给出了意见或忠告，仍然要靠他自己做出判断并进行取舍。有的大学生在与异性交往时明明感受到了不舒服不愉快，且难以迁就和调和，仍是当断不断，一个人苦苦支撑。有的大学生从失败的恋情中重新对自我进行反思和审视，从而领悟到很多人生的道理，使父母不需要为他们过于担心。可见，具有良好的自主决策能力是多么重要。

父母要向孩子传递"信任"的信息，对孩子的异性交往不盲目操心，不过分干涉，给予孩子一定的自由处理自己的事情，使他在这个过程中建立更多的自信，做出有利于自身的决定。

小贴士

亲爱的孩子，8月20日报告的喜讯使我们心中有说不出的欢喜和兴奋。你在人生的旅途中踏上一个新的阶段，开始负起新的责任来，我们要祝贺你、祝福你、鼓励你。希望你拿出像对待音乐艺术一样的毅力、信心、虔诚，来学习人生艺术中最高深的一课。但愿你将来在这一门艺术中得到像你在音乐艺术中一样的成功！发生什么疑难或苦闷，随时向一两个正直而有经验的中老年人讨教（你在伦敦已有1年8个月，也该有这样的老成的朋友了吧？），深思熟虑，然后决定，切勿单凭一时冲动。只要你能做到这几点，我们也就放心了。

对终身伴侣的要求，正如对人生一切的要求一样不能太苛。事情总有正反两方面：追得你太迫切了，你觉得负担重；追得不紧了，又觉得不够热烈。温柔的人有时会显得懦弱，刚强了又近乎专制。

幻想多了未免不切实际，能干的管家太太又觉得俗气。只有长处没有短处的人在哪儿呢？世界上究竟有没有十全十美的人或事物呢？抚躬自问，自己又完美到什么程度呢？这一类的问题想必你考虑过不止一次。我觉得最主要的还是本质的善良，天性的温厚，开阔的胸襟。有了这三样，其他都可以逐渐培养；而且有了这三样，将来即使遇到大大小小的风波也不致变成悲剧。

——《傅雷家书》

回顾与思考

1.有人说，大学期间谈恋爱，分手的居多。对此你是怎么看的？

2.作为男（女）生父母，你对孩子发生婚前性行为有哪些担忧？为此，你会给孩子哪些有益的指导？

3.你是如何提醒孩子远离危险的异性交往的？

第 六 章

精彩人生来自职业规划

1. 从认识自己到准确定位

　　我没想到，孩子找个工作会这么艰难。以前老听说大学生毕业后就业困难，但是没轮到自己家就感觉不到。现在，我的孩子大学即将毕业，想找个工作时才发现真的挺艰难的。孩子上学时学习挺努力，实习时也不马虎，但是在找工作时才发现对自己并不了解。我原以为我很了解自己的孩子，现在我感觉自己也不了解她了。我不知道她的职业特长是什么，也不知道专业不对口的工作她是否喜欢。以前我总是羡慕这一代大学生，那么多职业选择机会，不像我年轻时去哪里工作根本没机会选择。但现在我才知道，人人都在规划着未来的职业方向，我女儿没及早进行职业生涯规划方面的学习，现在看已经落后了。

　　这段话，是一位父亲的心声。这位父亲在为孩子的职业选择着急时，也在懊悔没有早些对孩子进行职业生涯规划的教育。可以说，从孩子走进大学那一天，父母就期待着孩子大学毕业后能找到一份称心如意的工作。"职业"不仅在父母的心目中很重要，在孩子的心目中也很重要。待到大学毕业跨出校门，孩子就要开始自己的职场生活。为此，父母愿意竭尽全力、不惜代价地做孩子从大学飞向社会最后阶段的助推器。然而，只有智慧的父母才能把孩子送上更远大的前程。

近年来，职业生涯规划教育已经得到高校的广泛重视，绝大多数高校设置了职业生涯规划教育的相关课程，也设立了"学生就业指导服务中心""学生就业创业指导中心"等部门。各高校无论以什么样的形式开展职业生涯规划教育，其核心任务就是三点：认识自我，认识职业，知道怎么选择职业。同样，父母在家庭中给孩子的职业生涯规划教育也是这三个维度。只不过，家庭教育中的职业生涯规划教育与学校不同的是，这些教育内容有更多的家庭色彩，它不是课堂的知识教育，而是在家庭亲子交流中帮助孩子更清晰地认识自我、了解职业、找到去往未来的路，为孩子大学毕业后的职业发展做准备，给孩子人生更多出彩的机会。

小贴士　　**大学生在职业生涯规划方面存在的六大心理误区**

误区一：计划赶不上变化，没必要规划。

误区二：大学毕业前再规划来得及。

误区三：只要定下发展目标就行了。

误区四：我知道自己的能力不需要规划。

误区五：职业生涯规划就是大学四年规划。

误区六：自己不用规划，父母做规划就行。

增强对职业生涯规划教育的认同

有些父母对职业生涯规划的认识还不够充分，总认为孩子的任务是认真读书，考个好成绩，将来毕业找工作的事情父母可以多规划、多帮忙。也有的父母认为自己懂的没有老师多，学校对孩子进行职业生涯规划教育就够了。但是，职业生涯规划不仅仅是为了毕业了找工作，也是帮助孩子认识自己的重要途径，是孩子形成积极自我概念的过程。为了孩子的长远发展，父母要跳出分数、专业排名、热门职业等范围，提高对职业生涯规划教育的认同。父母要认识到，职业生涯规划不是要立刻找工作，而是对未来的职业发展进行规划。

帮孩子了解自己要干什么及能干什么

对未来职业的规划体现了一个人的职业价值观，即在这份职业中你希望获得什么，是高收入还是展现才能，是工作稳定轻松还是能挑战自我，是福利待遇还是发展机会。孩子对这些想法不明确，职业定位就易产生偏差。父母可以多和孩子讨论一下对未来职业的诉求，也可以就电视、网络上的一些新闻与孩子展开讨论，这样既可以了解孩子的职业价值观，也可以表达父母的职业价值观。

有些大学生对自己真正能干什么并不了解。面对未来的职业生涯，更是不知道从何处入手。父母的重要任务就是协助孩子了解自己的潜能。例如，鼓励孩子通过各种渠道与老师、亲戚、朋友多交谈，请周围的人谈谈对他的印象，归纳一下他的特点，使孩子能通过他人的评价认识自我，了解自我，清楚自己的优势与特长，劣势与不足。父母也可以多看看他的朋友圈，或多听听他对学习、学校、社会活动的感受，了解、分析孩子的兴奋点在哪里。当孩子说起某些事情兴高采烈时，那说不定就是孩子擅长的事儿。

职业生涯规划的原则是扬长避短，父母要让孩子充分了解自己、分析自己，重要的是让他们发现自己的禀赋与特长，这样才好准确地规划未来。例如，可以利用孩子在家的时间开展家庭互评活动，家庭成员之间经常说说自己和家人的特点，并给一些建设性的意见，促进孩子更了解自己，找到自己的优势增长点、最佳才能区。

小贴士　制订职业生涯规划，做好"四定"

1. 定向：确定自己的职业方向。

2. 定点：定自己职业发展的地点。

3. 定位：确定自己在社会上的位置。

4. 定心：做到心平气和。

这些实际上是解决职业生涯规划设计中的"干什么""何处干""怎么干""以什么样的心态干"这四个最基本的问题。

协助孩子发现职业兴趣

如果职业与兴趣结合，就会提高工作效率，而且使人的潜能得到更大程度发挥。一个人能做的事情并不一定是最适合他的事情。因此，父母要提醒大学生子女，通过各种尝试，了解自己更适合做什么。对未来职业进行规划，需要结合个人兴趣、能力来进行，适合的才是最好的。有的职业虽然很好，但如果与孩子的兴趣能力不符，孩子工作起来痛苦，自然不是好的选择。如果有条件，父母可以为孩子推荐、提供一些实践机会，使孩子在体验中发现自己的职业兴趣。

很多学校的就业指导服务中心及专业的职业指导机构都有一些关于职业兴趣、性格等的专业测试，可以让孩子通过测试对自我有更清晰的认识。职业心理学的研究表明，不同的职业需要不同性格的从业者。在职业发展上，性格也许比能力更重要。父母可和孩子一起进行测试，也可以鼓励孩子去专业机构寻求帮助。需要注意的是，网络上有些测试并不专业，如果要得到可靠的结果，还是到专业机构进行专业测试比较好。这些测试多数是需要花钱的，如果觉得花费较高，也可以让孩子到学校的就业指导服务中心进行类似测试，可信度均比较高。另外，心理学家凯恩琳·布里格斯和她的女儿伊莎贝尔·布里格斯·迈尔斯研制了迈尔斯-布里格斯类型指标（MBTI），对人格类型进行了分析，对性格与职业兴趣有详细的分类，感兴趣的父母可以在网络上找找相关信息。

2. 从认识职业到确立目标

认识自我是孩子进行职业生涯规划的第一步，第二步就要让孩子对职业有一定的认识，了解未来职业发展的趋势，积极进行社会实践，从而确定自己的职业目标。如果孩子对职业发展的趋势不了解，就会走弯路。

一名已经硕士毕业的学生仍然找不到自己的职业定位，他苦恼地向职场专家咨询：

我是农学硕士毕业。我非常不喜欢农学。家里是农村的，父母都只上到小学三年级，都不知道专业的好坏。记得大学填志愿的时候，我填的是金融学、建筑设计和最热的计算机专业，可由于分数、录取人数等原因，我被调剂到植物保护学了。考研的时候，本来想考金融学或者经济学，由于竞争压力太大，我也知道凭借自己的能力第一年很可能考不上，只是当成练习，所以报了本校土壤学，但没想到竟然考上了。不上又不行，上了不到一个学期就想退学，老师不让，家人不让，进退两难。最后横下心坚持到毕业。

开始找工作时有些心高，曾经面试进入了南航，可最后审查，南航不要农科毕业的。刚毕业时想着去事业单位或高校。后来参加了两次大学招聘，都是机关部门，不是教学岗位，都进入面试阶段了然后被刷，别提多么沮丧了。考了检验检疫局的公务员，人家不要植物保护专业的，资格审查被拿下。后来再也考不过线了，结果一年下来一事无成。

我现在有两个机会，一是做村干部，二是进一个好企业做工人。我是去做村干部还是进企业做普通工人？到现在，我也没有拿定主意。如果做村干部期间考不上公务员，三年下来29岁了，我不知道还能做什么。三年时间太长了，我熬不起。我感觉自己变了好多，变得不喜欢见人了，以前经常愿意跟不认识的人聊天，现在看见认识的人都不想聊了。

从这名研究生的谈话中可以看出，虽然已经毕业一年了，他仍然对自己的职业方向很迷惘。从报志愿开始，他就是茫然的，服从调剂学了植物保护学，考研又随意报了土壤学，这两次选择可以说都不是他喜欢的专业。毕业后，在找工作时也是东一榔头西一棒子，仿佛被蒙上了双眼在到处挣扎，如今仍然不知道应该怎么走好职业道路。这名研究生的经历说明，他对职业认识不清，也对自己认识不清，因此始终不能确定明确的职业目标。

父母要做的事，就是既帮助孩子认识自我，找到自己擅长的职业方向，又要督促孩子及早了解一些相关职业，做好目标定位。

小贴士

美国著名的职业指导专家、任职于麻省理工学院斯隆商学院的埃德加·H.施恩（Edgar H.Schein）教授提出了一个概念，叫职业锚。职业锚，又称职业系留点，是指一个人不得不做出选择的时候，他无论如何都不会放弃的职业中的那种至关重要的东西或价值观，实际就是人们选择和发展自己的职业时所围绕的中心。例如，做职业选择时，哪些东西是不能放弃的？待遇？安逸？尊重？发展？职业锚强调个人能力、动机和价值观三方面的相互作用与整合。

鼓励孩子多实践、多接触

若要职业定位准确，孩子对职业的亲身体验是非常必要的。父母要鼓励孩子利用寒暑假多参加一些社会实践活动，尤其是到那些他感兴趣的单位去兼职、实习，或者到校园招聘会、人才市场等去转转，虽然自己还不到毕业或就业的时候，但提前进入这些环节，了解某些职业所需要的职业素质、能力、要求等对自己未来选择合适的工作非常有帮助。此外，一些工作岗位除了职业要求外，还有一些非职业要求，也要提醒孩子做细致的了解。例如，有些单位对视力有要求，或者对外语水平有要求。这些要求虽然属于非职业素质，但一样不能忽视。

体验的过程是孩子学习与成长的过程。父母要鼓励孩子尝尝不同行业的酸甜苦辣，这有利于他们认识社会与人生，而不要只对喜欢的职业进行体验。寒暑假为孩子安排职业体验活动，还可以使孩子走出家门，不再宅在家里，与更多的人交往，认识更丰富的世界。父母也可以给孩子讲讲自己工作的酸甜苦辣，谈谈自己的感受。

另外，父母应鼓励孩子利用各种机会多接触专业人士。专业人士不仅了解行业背景，还了解各专业的职业现状和发展前景。通过接触专业人士，孩子可以深入了解职业环境如何，各行业的竞争情况如何，喜欢行业的人才、资本、服务等多方面的信息。这样孩子才能对自己喜欢的一个或几个行业做出判断与比较。如果父母有这方面的朋友或熟人，也可以多引荐给孩子，让孩子早一步了解目标行业。

及早发现孩子的职业潜能

在孩子自身体验、实践的基础上，父母要注意观察、了解孩子的职业意向。例如，孩子平时谈到的偶像都是什么职业？他喜欢的亲朋好友在从事哪些职业？孩子爱看哪些方面的书？他做什么事情感到特别快乐？父母要做孩子成长的有心人，了解孩子的职业意向与潜能。父母也可以为孩子找一些介绍职业发展趋势的资料来看，或鼓励孩子自己在网络上查资料，了解职业环境的变化、新兴职业对资质的要求等。

如果不是孩子到了即将进入职场的时候，父母不要着急和孩子早早做决策。职业生涯规划并非要孩子立刻做出决策，而是说当前的各种决策、行动等要指向未来的职业和目标。例如，在大学期间学习的课程、锻炼的能力、人际交往环境等，都要面向未来，要做到未雨绸缪。因此，现在要求孩子做的并不是去找工作、去练目标职业需要的技能，而是说要把目光放长远，看现在要做什么，它的落脚点在现在，目标指向未来。

通过细化规划对职业目标再确认

职业规划就是目标＋行动。父母要让孩子把他的职业规划细化到大学阶段的每一年中。例如，大一时要了解一些喜欢的职业的发展趋势，了解这些职业的基本要求；大二时要进行相关职业领域的社会实践；大三时进一步加强相关职业的专业知识构建；大四时进行相关职业的实习……父母甚至可以鼓励孩子把规划细化到每个学期。这样让孩子在"做"中对自己的目标进行再次确认，如不合适及时调整。

小贴士

埃德加·H.施恩将职业锚划分为如下类型：

技术型：这类人往往出于自身个性与爱好考虑，愿意在自己所处的专业技术领域发展。

管理型：这类人有强烈的愿望去做管理人员。

创造型：这类人需要建立完全属于自己的东西，或是以自己名字命名的产品或工艺，或是自己的公司。

自由独立型：有些人更喜欢独来独往，不愿像在公司里那样彼此依赖。

安全型：有些人最关心的是职业的长期稳定性与安全性。

职业锚反映了一个人主观的动机和价值观，二者有机结合，就能够比较准确地找到自己的职业方向。

职业规划是孩子的奋斗信念与理想，是孩子的职场蓝图，父母也要让孩子知道，规划是可以调整的。因此，一方面我们要让孩子有职业生涯规划的意识，学会走一步看两步，另一方面我们也要锻炼孩子调整目标的能力。发现规划不合理的地方，要根据实际情况进行调整，一成不变的人生并非智慧的人生。有提前规划的意识，能根据成长需求调整规划，并积极行动，是父母教孩子职业生涯规划的主要目标。

3. 在专业和职业间架起桥梁

通过职业生涯规划教育，孩子能更好地了解自我的长处与不足，接纳自己的特点，并根据职业生涯的设计与安排发展自我，从而成为有理想、有目标、有方法的人。因此，职业生涯规划教育看起来是为了寻求职业而进行的教育，实际上它的内容相当宽泛，能更好地帮助大学生发展积极的自我概念，更好地规划大学生活。

认识自我、认识职业，并不意味着职业生涯规划的任务就完成了。事实上，这只是为职业生涯规划打下了一个基础。至于未来是自谋职业、国外留学还是国内深造、自主创业，需要尽早规划，并且在专业与职业之间架起一座桥梁，使自己学有所用。这个桥梁就是行动，只有行动才能把规划变成现实。行动分为两部分，一部分是直接行动，就是做好大学四年规划，另一部分是间接行动，如通过各种措施掌握技能、开发潜能、积累人脉等。如果没有行动做保障，规划就等于空谈。

专业与职业之间是怎样的关系呢？父母可以根据孩子进入的学校、学习的专业进行分析，帮助孩子更好地协调专业与职业定位的关系。

小贴士　专业与职业的几种关系

专业与职业恰好吻合：一般来说，中等职业学校、高等职业学校等职业类学校的学生所学习的专业与职业比较吻合，孩子在进行职业规划时相对简单，所学专业大部分就是以后要从事的职业。

基础专业面向多个职业：如果孩子学习的是基础专业，那么面向的职业范围就很广。

专业与职业定位交叉：孩子目前所学的专业与他的职业目标有交叉，但是只靠当前所学的专业还远远不能实现职业目标。

专业与职业关系不大：也有一些学生在上大学前没有进行多少职业生涯规划方面的学习与训练，因此报考专业与个人兴趣爱好不相符的情况并不少见。

大学一年级初步了解职业发展趋势

广泛涉猎知识，初步了解未来职业的发展趋势，尤其是自己感兴趣的职业，更要了解得细致一些，如用人条件、待遇、对员工基本素质的要求，等等。多参加社会实践，提高合作能力、人际沟通能力、变通与协调能力。此外，还要学习一些当今应用比较广泛的知识，掌握一些基本的技能，例如，计算机使用、外语应用、网络运用等。如果孩子已经有了明确的职业目标，并且目标又与专业不相符，这时就要加大学习力度，多上选修课，或者到其他学校去上课、自学等。如果孩子还没有明确目标，要多鼓励孩子广泛尝试，尽快了解自我、了解职业。

大学二年级围绕职业定位拓宽视野

大学二年级应打牢知识基础，扩大知识面，广泛参加社会活动与社团组织，锻炼能力，检验知识技能。针对职业目标，选择相关课程进行学习。也可以利用高校图书馆、公共课等资源加强学习，既拓展知识面，又开阔视野，对职业目标进行再确认。另外，要多尝试各类兼职，加强社会实践等。对计算机、外语等基础知识的应用，也要进一步增强。

这时父母也可以和孩子讨论一下大学毕业后的安排，经过一年的大学生活后，大多数孩子已经从新生懵懂而浮躁的心态中沉静下来，对校园生活、未来去向也会有些初步思考。父母可与孩子聊聊，将来想考研或留学，还是进入工作岗位或自主创业？如果想留学，目的地国家是哪里，选择的专业是什么？如果想就业，去公司还是事业单位？如果要考研，目标学校是什么？通过什么渠道来实现这些方向？这些都可以做初步的讨论，并列出目标清单与努力清单。也许孩子和父母都没太想好，没关系的，父母与子女多聊聊总能使目标更明确。

大学三年级深度接近职业目标

大学三年级学生可以尝试参加一些与喜欢的职业相关的学术研究活动，或者进行更深入的实习，尤其要选择那些适合职业目标的岗位深度实习，例如实习周期长一些，选择更有挑战性的岗位，有更突出的实习成果，等等。还可以利用寒暑假，多与相关专业人士沟通。大学三年级可以搜集一些与职业目标有关的工作信息，对职业目标进一步加深了解。大学三年级暑假期间，还可以准备好简历、求职信等材料，这样既是练习，又是对自己三年来学习的检阅，看看自己离工作岗位要求还有哪些差距，这样大四时可以弥补差距。

到了大三下学期，想考研的同学要尽快确定目标学校和专业，并且要进入专业课学习与复习准备阶段，也可以多与目标专业的导师联系，听听导师的建议。如果缺乏与导师的联系，导师写过的文章、讲过的课、出版的书籍，都能体现导师的思想，大学生可以多看看。这样可以有一年左右复习准备的时间，通过研究生招生考试的把握也更大。如果要出国留学，需要进行相关的语言考试、入学考试，并且研究目标学校需要的其他条件。

大学四年级从模拟到实战

大学四年级时，一切都箭在弦上。想就业的学生要进入一些用人单位实习，积极参加各类招聘活动，开始工作申请。如果可能的话，还要多参加学校组织的模拟面试、就业指导。学校就业指导服务中心也会提供很多用人单位的信息，给学生训练一些求职技能，父母要督促孩子多关注、多参加；打算出国留学的学生，要开始准备个人介绍、推荐信、成绩单，还要对心仪的学校进行再选择。是找中介帮忙还是 DIY，也需要父母和孩子根据家庭经济条件、孩子的需求等一起商量。对留学中介的选择，也有很多学问，父母可以提前先做些了解，收集一些信息与孩子比较、商讨。计划在国内考研的学生，即将进入实战阶段，需要把考研必备的基础课、专业课进行新一轮的复习，查漏补缺，做好应战前的知识准备与心理准备。

小贴士 雇主在招聘时最重视的特质*

技能	政府部门	非营利组织	私人公司	上市公司	平均分数
积极主动	4.63	4.31	4.38	4.24	4.39
职业道德	4.63	4.18	4.26	4.06	4.28
适应能力	4.44	4.07	4.18	4.19	4.22
关注细节	4.06	3.96	4.09	3.85	3.99
乐于助人	3.81	3.94	3.89	3.84	3.87
自信	3.94	3.76	3.88	3.85	3.86
有创意	3.94	3.73	3.73	3.54	3.74
有战略思维	3.81	3.62	3.72	3.51	3.67
具创业精神并敢于冒险	3.31	3.20	3.30	3.24	3.26
具工作经验	3.25	3.23	3.16	3.03	3.17
学业优异	3.31	3.00	2.89	2.97	3.04
具领导经验（校内或校外）	3.06	3.10	2.89	2.78	3.00
参与过课程辅助活动（CCA）或志愿活动	2.81	3.24	2.82	2.79	2.92
有出国旅行或活动的体验	2.56	2.72	2.52	2.62	2.61

*雇主对不同特质的看重程度，以5分制为标准

数据来源于新加坡义安理工学院和Glints公司做的一项职业调查。

综合考虑毕业后的选择

进入当今更为多元化的时代，除就业外，大学生毕业后还可以考虑考研、创业、出国留学等，这些选择各有前景，也各有风险。父母要和孩子一起坐下来认真探讨每种选择的可能性和承受力，分析各种利弊、各种可能性，比如：考研没被录取的备案是什么；出国留学费时费力还费财，需要做好哪些准备；创业需要具备哪些基本的创业条件……父母切记要尊重孩子的选择，多倾听孩子的想法，注意启发孩子自己去发现和解决问题。

面对多元选择，父母和孩子要避免简单化的想法，比如认为出国留学就一定比直接就业更好。出国留学成功的故事很多，但也不乏不尽如人意的案例：有的孩子出国后遇到种种问题，难以适应，打道回府的有之，产生心理问题的有之，留学回来却找不到满意工作的有之。父母要和孩子综合考虑各种因素，根据自身的情况和条件，寻找天时、地利、人和的最佳结合，谨慎分析判断后，再放手让孩子做出自己的决定。

作家柳青曾经说过："人生的道路虽然漫长，但要紧处常常只有几步，特别是当人年轻的时候。"对于当代大学生来说，竞争也许比以往更为残酷，早一步做好职业生涯规划，将早一步拥有精彩人生。

回顾与思考

1. 在孩子进入大学后，作为父母的你对孩子的学校、专业、就业方向有多少了解？

2. 你与孩子关于职业生涯规划方面聊过哪些话题？

3. 孩子要利用暑假时间去打工，你会给孩子提供一些什么建议？

4. 如果孩子对现在所学专业不感兴趣，想换一个专业，对此你怎么看？你会给孩子提供什么样的帮助？

5. 利用亲子交流时间，请你和孩子一起就孩子的大学生活制订一张较详细的、可操作的职业生涯规划图。

7

第 七 章

幸福人生的三块基石

1. 强化法制观念，做守法的人

某大学生与舍友发生矛盾，在宿舍饮水机里下毒，导致舍友中毒身亡；某大学生驾车撞人后，因怕被撞者看到其车牌号后找麻烦，产生杀人灭口恶念，从随身携带的包内取出尖刀，对被害人连捅数刀，导致被害人当场死亡。

这些曾经引起广泛关注的社会热点案件，相信大学生父母通过各种渠道都有听闻。人们在痛恨这些大学生的恶劣行径时，又忍不住为这些"天之骄子"扼腕叹息。他们原本应成为对社会有用的人才，父母也一定希望他们能回报社会且拥有幸福的人生。然而因为不守法，他们的人生被彻底改变，甚至付出了生命的代价。

是他们从小就没有接受过法制教育吗？当然不是。那么，为什么悲剧一而再、再而三地发生呢？这里既有大学生自身的原因，也有家庭与学校教育的原因。父母应了解大学生违法的特点，与学校配合，在家庭中强化大学生的法律意识，防患于未然，让孩子做一个遵纪守法的人。

一些调查研究表明，绝大多数大学生法律意识较强，能认识到法律的重要性，愿意做遵纪守法的公民。但是，也有一些大学生在观念、行为方面存在问题，导致法律意识淡薄。

让孩子保持对法律的敬畏心

从小学到中学，学校给学生进行过无数次遵纪守法方面的教育，按理说，大学生的法律知识并不匮乏。但是，应试教育很多时候反而影响了对知识的把握，很多学生在小学、中学阶段都把考上好学校作为主要目标，对法律知识的理解往往并不深刻。即使掌握了一定的法律知识，有些大学生的法律意识也比较淡薄。这些大学生有着天然的心理优势，认为自己比别人强，和同龄人相比是佼佼者，违法的事儿都不会和自己沾边。

也有的大学生青春正盛，桀骜不驯，喜欢张扬个性，总是想挑战规则，不愿意受到约束。再加上一些社会现象的影响，思想中易形成遵纪守法就是胆小、吃亏的意识。有时明明可以遵纪守法，但是因为不愿意被他人看扁，总是与规矩、规则相背而行。

另外，在一些不良的社会现象里，存在权大于法、有钱好办事的情况，导致有的大学生认为家里有权有钱就什么都不怕。因此，前些年才会有"我爸是李刚"这样的说法。他们不把法律当回事，觉得犯法的事儿碍不着自己，自己如果干了犯法的事儿家里也能摆平。这些偏颇的想法，很容易使大学生忽视法律甚至藐视法律。

无论上面哪一种情况，对加强大学生的法制观念、使之成为遵纪守法的人都很不利。父母在家庭教育中要注意对孩子进行遵纪守法意识的熏陶，让孩子保持对法律的敬畏之心。

教孩子懂一些和大学生活相关的法律

父母可以利用寒暑假孩子在家的时间，和孩子一起了解大学生违法的特征。这既有利于孩子保护自己，又能给孩子的日常行为提个醒。例如，近几年来大学生在违法方面呈现出智能化的特征，如通过黑客软件盗窃、用高科技诈骗等。

触犯法律的大学生，并非一步就走到了违法犯罪的道路上，大多有着一些潜在的影响因素。即使是激情犯罪，虽说冲动是魔鬼，但是背后也有看不见的手在推动。父母要多了解孩子的心理，尤其是了解孩子思想上是否存在一些症结，给孩子关心与指导，及时帮助孩子解决困难，纠正不端行为，防患于未然。

大学生知识丰富，思想敏捷，喜欢探索。父母要有培育孩子法制观念的意识，用一些社会上的热点事件引起孩子的思考。比如，在媒体上听到看到一些热点事件，可以向孩子提问。在与孩子进行电话、微信沟通时，询问一下孩子的想法，征询孩子的看法，从而启发孩子用法律思维去思考问题。

刑法

作为大学生，懂得《中华人民共和国刑法》是十分必要的，一旦触犯了刑法，必然受到严惩。

某大学生，因为恋爱，经常要给女朋友买礼物，导致经济拮据，于是采取配匙入室、爬窗入室等方式，作案20余起，盗窃的财物总价值约3万元。他的行为已经触犯了《中华人民共和国刑法》，构成了盗窃罪，受到法律的严厉惩处。

道路交通安全法、消防法

在交通高度发达的今天，我们一出门就涉及交通安全的问题，如果不懂得交通法律法规，违反交通法律法规，自身的生命财产安全就得不到保证。

孩子在集体生活中，也要认识到消防安全的重要意义，自觉遵守消防法，积极学习消防知识，学会运用消防器材，保障生命财产安全。

所以，让孩子了解一些道路交通安全以及消防方面的法律法规是很有必要的。

某女生冬天在宿舍偷用大功率烤火器，导致火灾事故，宿舍四名舍友的物品全被烧毁，房子被熏黑，幸亏发现及时，没有导致人员伤亡，但这样的教训是深刻的。

治安管理处罚法

《中华人民共和国治安管理处罚法》是为了维护社会治安秩序，保障公共安全，保护公民、法人和其他组织的合法权益，规范和保障公安机关及其人民警察依法履行治安管理职责所制定的。该法的很多规定，涉及大学生日常生活行为的方方面面，对于赌博、打架斗殴、扰乱公共秩序等违反治安管理行为，将受到公安机关的相关处罚。

某高校学生在校外商业街酒吧看球赛，经不住诱惑，参与了赌球，下注500元，赌球输后，该生没有钱付赌资，被酒吧保安打伤。派出所立案侦查后，对该生给予治安管理处罚。

国家安全法

大学生应该知道哪些行为是危害国家安全的，必须懂得维护国家安全、荣誉和利益。

某在校大学生，其父母都在农村，家里生活不宽裕，他闲暇时便在校园网发帖求职。不久，一家外国杂志询问了该生的姓名、手机号、就读院校和专业后，给他一个"社会调研员"的职位，工作内容是去当地一个军事基地及军港为杂志社拍摄照片，并许诺丰厚报酬。然而，让该生始料不及的是，他正慢慢掉进境外间谍所设的陷阱之中……

教孩子学会用法律手段保护自己

关于增强孩子的法律意识，还有很重要的一点就是要教育孩子学会用法律手段来保护自己。根据调查发现，现在很多大学生在合法权益受到侵害时，总认为多一事不如少一事，息事宁人，不采取任何法律措施。还有些大学生，虽然懂一些法律知识，但局限在书本知识上，将法律知识与生活应用相结合的能力不强，权利被侵害时不会使用法律武器维权，情绪冲动时也不善于用法律意识约束自己。因此，在守法用法上，知识与能力脱节。

教育孩子学会用法律手段保护自己，哪怕是一些法律小常识，也能在日常生活中发挥作用。

借款类

如果孩子借钱给他人，应提醒孩子，让他人写借条，务必在对方落款名字后面写上对方的身份证号码。给现金，务必当日从银行取现并保留取现的银行票据（ATM 机取现则打印票据并保留，银行柜台取现则保留底单）；如果转账，亦务必保留转账凭证，同时不要注销掉该账号。

知识产权类

现在很多大学生有自己的专利和论文，要学会保护自己的权益。有些学生在转让知识成果时，由于不了解自己的成果值多少钱，导致成果被低价买走；也有大学生在创业时，违法违规，被勒令停业；还有大学生在与社会企业合作时，上当受骗。

所以，大学生家长应当提醒孩子增强自我保护意识和维权意识，并在现实行动中切实维护自己的合法权益。

合同类

提醒孩子，任何需要签字的文件，都要仔细看；如果孩子应聘工作，提醒他们务必签订劳动合同。万一没有签劳动合同，则要提醒他们保留好工作证等一切证明工作的证据。

父母要做孩子自律守法的榜样

父母在日常生活中的行为，对大学生子女的影响依然很大。因此，父母要在日常生活中给孩子做榜样，用平和的态度对待周围的人和事，即使生气也要以说理为主，不动粗不冲动，对待公共事务有热情，严格遵守公共秩序，不存侥幸心理。父母要用良好行为与家风，培育孩子理性、秩序、法制等价值观。

夫妻相爱，尊老爱幼，邻里互敬，平等尊重……生活在这样的氛围里，孩子的内心也会是洁净的、友善的。因此，大学生的家庭教育要在外围上下功夫，用和谐、民主的生活氛围唤起孩子向善向上的心。

法律既是每个公民的行为底线，也是每个公民保护自我的武器。父母养育子女都希望孩子幸福，如果孩子懂得守法用法，他的人生就是安全的，不会触犯底线又能保护自己，这意味着孩子拥有了幸福人生的第一块基石。

2. 注重美德养成，做可爱的人

遵纪守法只是守住了做人底线，人的一生仅有安全是不够的，还需要美德。这是因为美德既影响人的生活又影响人的性格，有什么样的品德几乎决定了他未来会走什么样的路，过什么样的生活。道德品质深刻影响一个人的观念态度、行为举止与处事方式。

道德品质应从小培养，但是到了大学阶段，依然是家庭、学校教育的重点内容。大学生作为活跃的社会群体，道德品质受多方面因素的影响。生活环境、同辈群体、家庭教育、学校教育、社会思潮等，都对大学生的道德状况产生影响。如果孩子具有良好的品德，同学、朋友、同事、上司都会喜欢他，他的人生也会快乐，工作也会顺利。可以说，拥有良好品德是孩子拥有幸福人生的第二块基石。

相反，道德沦丧的人，大家会喜欢吗？他未来的生活会快乐吗？

一名大学生说："今天去办离校手续，查校园卡的时候发现有 18 本书没还。问题是我的校园卡早丢了，然后我去图书馆查了查，借的书全是有关相对论、管理学这类其他院系的书，明显是有人捡了我的卡借书不还。算下来，我要赔付将近 1000 元！没想到学生里竟然有这种人，看这么高端的书做这么下流的事！"

另一名大学生说："有些同学上厕所不冲都是老生常谈了；不随手关门那简直是常态；自习室里手机不调振动，大声喧哗时有发生；女生捋头发，把长发扔得满地都是；男生在禁烟区吸烟，把烟头扔进洗手池……我们学校的名字前面挂着'中国'两字，是一所还不错的学校，招进来的学生分数也比较高，没想到部分学生素质这么低下！"

毫无疑问，这样的行为与品德，既不是父母养育子女的期待，也不是学校教育学生的目标。这样的人在生活中也不会真正让人喜欢。当今社会对人才的要求越来越高，德才兼备的人才能在社会上更好地立足。

父母要提升自我修养，注意道德细节

孩子上大学了大多数时间不在家，然而父母的道德素养仍然能远程影响着孩子。例如，父母对待邻居的态度、父母间的相处方式、父母谈论单位和社会上的事情时的看法都影响着孩子。甚至，父母发朋友圈的内容也影响着孩子。因此，父母要提高自身修养，改变自身存在的不良习惯，为孩子确立好的行为规范。

有的父母过于看重孩子的成绩、证书、排名、奖学金，对孩子这些方面的收获喜笑颜开，对孩子的良好品德却视而不见。有时孩子做了好事，还要被父母指责。例如，孩子遵守交通规则，父母说

"你傻啊"；孩子拾金不昧，父母说"没必要"；孩子搀扶摔倒的老人，父母说"别被骗"。这些自然影响孩子形成良好品德。因此，父母要转变只重成绩不重品德的错误观念，要把培养孩子的良好品德、教育孩子做人作为家庭教育目标。

父母要增强孩子的道德认同感

大学生虽然是成年人，但是他们对道德的认知仍在完善中。大学生的价值观、人生观、世界观还未完全成熟，他们对事物的看法、对人生的理解、对世界的体察还不够全面，有时甚至比较片面、刻板。

因此，父母不仅要自身认同道德的价值，还要注意在家庭生活中增强孩子的道德认同感，使孩子尊重美德，弘扬美德。比如，对周围具有美好品德的人给予尊重，与孩子谈论道德模范时用崇敬的语气，这些都能增强孩子的道德认同感。父母推崇美德，孩子也会更认同美德的力量。

美德养成要扎根于生活

在道德情感方面，有些大学生过于强调自我、个性，因而在心中自我大于他人，个人大于集体。道德情感的天平大多倾斜在个人一方，一旦同伴中有人损害了自己的个人利益，就成为死敌不可饶恕。这也表现为缺乏同情心、正义感，为了个人不被冤枉，看到摔倒的老人也不去搀扶；为了自己安全，看到坏人的恶行也不敢制止或举报。

良好品德培养不是给孩子讲大道理，不能脱离生活对孩子进行道德教育。只有扎根生活，不逃避生活中的尖锐问题，才能让孩子信服品德的价值。例如，到底该不该去扶起摔倒的老人？遇到不道德行为，到底该不该制止？父母在生活中不要回避这样的话题，要和孩子多进行讨论。父母还要鼓励孩子参与一些道德实践，如去做志愿者等，使孩子在实践中养成美好品德。

个人道德、社会道德、网络道德"三德合一"

加强孩子的道德修养，父母也要从个人道德、社会道德、网络道德等多个方面去关注，不要只重视某一方面。有的父母只注重社会公德，教育孩子在他人面前做个好人，而忽略了孩子的个人修养；有的父母只强调个人修养，忽略了网络修养，孩子在现实生活中能自立自律，关心他人，在网络上却"原形毕露"。父母要注意引导孩子知情意行合一，个人道德、社会道德、网络道德"三德合一"。

3. 提高心理素质，做强大的人

　　如果孩子已经具备了法律意识与良好品德，孩子就拥有了幸福人生的两块基石。如果孩子再能拥有强大的心理素质，不被挫折、压力等击垮，他的人生就是强大的。有了这三大法宝，相信孩子会有一个幸福的人生。

　　因此，在这一小节里，我们要谈谈大学生的心理健康。如今，我国已经非常重视中小学生的心理健康教育和心理素质提升，很多父母也特别在意孩子的心理健康状况。例如，孩子小时候经常跟他说"你真棒""相信自己能行"等一些鼓励的话，孩子做得不好时，父母也能宽容地对待他们，告诉孩子"没关系""再来一次"……但是，当孩子成为大学生，父母对其心理状况的关注大多不够充分。也许，在父母眼里，孩子已经长大了，不需要管太多了；也许，父母认为孩子已经成年，孩子的内心世界应该是属于他个人的秘密花园。

　　然而，事实是大学生心理不够健康的案例并不少见：

　　小 A 与小 B 是某艺术院校的学生，同在一个宿舍生活。入学不久，两个人成了形影不离的好朋友。A 活泼开朗，B 性格内向，沉

默寡言。不知什么时候开始，B 觉得自己像一只丑小鸭，而 A 却像一位美丽的公主，心里很不是滋味。渐渐地，她认为 A 喜欢出风头，处处排挤自己，遂产生强烈的怨恨心理。大三时，A 参加了学院组织的服装设计大赛，得了一等奖并被推荐参加全国比赛。B 得知这一消息先是痛不欲生，而后妒火中烧，趁 A 不在宿舍之时将 A 的参赛作品撕成碎片。

　　某女生以市高考状元身份考入大学。来到陌生的城市，每日紧张地学习，还要独自料理生活，这让她有些措手不及。她感到很不适应，尤为想家，听到广播里的歌曲有"妈妈"二字就想哭。晚上睡不好觉，上课走神，学习效率不高，拒绝参加学校组织的活动。因为越来越孤僻的性格，她和宿舍同学的关系也不太好，内心十分孤独。女生于是跟学校提出想换宿舍，但学校不同意。在与学校的争执中，她负面情绪爆发，最终申请退学。

某在校大学生，因为脸上有青春痘，到私人美容院去看病，美容院用美容针给她除痘。后来她看到一些杂志上讲艾滋病会通过血液传播，便开始担心美容针消毒不彻底，自己已经感染艾滋病。越想越害怕，她开始出现食欲减退、失眠、浑身无力等症状。她偷偷去医院化验，虽然结果是阴性，但是她并没高兴太久，心情就又紧张起来。她担心是不是感染时间太短，检查结果不够准确。为此，她反复去不同的医院检查，每日心慌盗汗、失眠多梦、烦躁不安。

大学生在生理上尚属于青春期后期，机体各项功能趋于完善，心理却并未完全成熟。他们在生活上从依赖走向独立，学习上从被安排逐渐走向自主，这些变化会使他们面临很大的学业压力、人际关系压力、就业压力。他们对一些事情的看法与认识还不够客观、全面，对一些问题的处理也不够理性、适度，再加上他们年轻气盛、血气方刚，遇事容易冲动、过激。心理健康是当代社会人才必备的素质，是大学生全面发展不可缺少的方面，也是家庭和学校育人的根本任务之一。

分清孩子的成长困扰与心理问题

大学生在成长中可能会遇到各种各样的困扰，如对自己的形象不满意感到自卑，别人谈恋爱自己还没有女朋友感到沮丧，和朋友相处不融洽感到焦虑，大学要毕业了还没找到合适的单位感到苦恼……这些问题是成长中的困扰，也许会让大学生心烦、苦恼、郁闷。但是这些并非心理问题，更不是心理疾病，可能只是在一段时间内让孩子不开心，因此，父母不要草木皆兵，把一些成长的烦恼看成"心理上有病"。

孩子可能产生的心理问题

虽然大学生心理问题的表现形式多种多样，但基本归属三大类。父母可多阅读一些正规的心理学书籍，了解大学生易产生的心理问题，给孩子有用的支持。对于严重的心理障碍，要及时寻求专业医生、专业机构的帮助。

神经症类心理问题

年轻的大学生进入新的环境后，有很多需要适应与调整的地方。这时大学生的心理压力较大，适应方面易出现问题，从而导致焦虑症、抑郁症、强迫症、神经衰弱等一些神经症问题。产生这些病症，有的是因为对新环境新事物适应能力差，有的是对自己期望太高，给自己过大的压力，还有的是在学习或社交等方面感到失败，如学习成绩不如高中，向他人表白失败，感觉自己在才艺方面不如别人，等等。

人格障碍类心理问题

人格的形成既有先天遗传因素也有后天教育因素的影响。如果父母在孩子小时候没有特别注意培养他们形成健康人格，孩子的个性中可能就会存在一些分裂、压抑、躁狂、偏执的人格特质。这些人格缺陷也许在小学、中学并没有表现出来，或者没有被激化，大学时遇到压力、遭受挫折、缺少朋友、发生冲突时，性格里的弱点就会变成野兽冲出来，表现为一些人格障碍。例如，偏执型的人总认为别人不如自己，对自己有恶意，自己怀才不遇，身边的人都想打垮自己，因此过分敏感，畏首畏尾，或者心中对他人充满敌意；躁狂型的人急躁、有热情，也易冲动，爱走极端。

适应障碍类心理问题

因适应不良而产生心理问题的大学生，内心常感到失落，感到一切都不如意，生活没有乐趣，周围的事物都是灰色的，心情也是灰色的。这时，他既想改变现状，又觉得无能为力，经常陷入苦闷无助中。适应不良的学生，感到周围人对他冷漠，他也用孤独、冷漠回应他人。这样的孩子没有奋斗目标，缺少朋友，孤独感严重。严重适应不良的孩子，会选择毁灭，出现自杀、自残等行为。所以，自杀其实不是一种心理疾病，而是心理疾病的结果，是过度绝望、失落而产生的自我毁灭性行为。

小贴士　区分心理问题、严重心理问题、心理障碍、心理疾病

心理问题大多因现实问题引起，持续时间较短，主要表现为一些情绪问题，如郁闷、苦恼、自责等，但过一段时间就会缓解，而且情绪不会泛化到其他事件上，仅仅就事论事；严重心理问题是在上述状况基础上情绪反应更强烈，更持久，这种消极情绪一般长达2个月以上，1年以下。而且，情绪反应泛化到其他事件上，不再只是集中在最初引起心理问题的事件上。上述两类均属于心理问题，还未到"疾病"的程度，人的心理尚属于正常范畴，只是不太健康而已。当心理出现异常，才会被称为心理障碍、心理疾病。例如，神经性厌食、神经性贪食、抑郁症、强迫症等。这些心理障碍和疾病需要到专门的心理治疗机构进行鉴别与治疗。父母需要对这些问题略懂一二，既不忽略孩子的心理健康状况，也不因为不了解而过度焦虑。

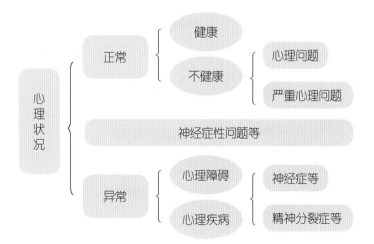

注重家庭氛围与养育方式

许多研究表明，孩子的心理问题与家庭因素有着非常密切的联系。例如，家庭贫穷还是富裕，家庭结构是单亲还是双亲，多子女还是独生子女，隔代抚养还是核心家庭，家庭氛围温暖和谐还是冷淡争吵，父母的教养方式民主还是粗暴，放任还是溺爱……这些因素都直接影响着大学生的心理状态。在这些因素中，父母能控制的因素就是家庭氛围和养育方式。因此，即使孩子上了大学，父母也要用民主的方式养育孩子，用和谐的家庭氛围温暖孩子，使家成为孩子永远的港湾，当他们内心有烦恼有委屈时，能感受到家是驿站，父母是自己的心灵港湾。

尊重孩子的成长特点，关心孩子的成长困惑

每位父母都希望孩子健康成长，身体好、学习好、为人好、工作好……然而，每个孩子的成长都充满个性，他们有自己的成长路线，并不一定按照父母设定的目标发展。父母要针对孩子的特点多鼓励、少限制，尊重孩子的特点与选择，这样更有利于大学生形成健康向上的心理力量。

孩子虽说已成年，父母仍要关心其成长，尤其要针对孩子的成长困惑给一些实际的帮助，这样才能避免孩子由成长困扰转变为心理障碍或心理疾病。孩子在大学难免会遇到一些心理困惑、成长烦

恼，父母要用心去发现，用爱去引导，用情去帮助，而不要一味焦虑、批评、指责。

每一位父母都希望孩子如雄鹰一样在天空翱翔，但翱翔需要坚强的翅膀，父母要一边让孩子练习飞翔，一边帮他们强壮翅膀，帮助他们找到属于自己的那一片天空。

回顾与思考

1. 哪些法律知识会对孩子的日常生活有所帮助？试举三个例子。

2. 如果发现孩子是"网络键盘侠"，你会从哪些方面入手对其进行网络道德教育？

3. 你的孩子有没有心理问题？如果有的话，是哪方面的问题？

4. 如何从孩子和舍友的关系着手，提升孩子的人际交往能力？

8

第 八 章

掌握生命的正确打开方式

1. 守护"象牙塔"里不堪重负的青春

在父母眼中，孩子走进大学校门，就步入了神圣的学术殿堂，完成了成人礼后的第一次华丽转身。这座大学的"象牙塔"中，充满着激扬的青春和飞扬的个性，承载着年轻学子的梦想与希望。

然而，本应朝气蓬勃、富有活力的大学生中，却有极少数人深陷绝望与无助，在人生的黄金时期，选择结束自己的生命，在生命之花还未来得及完全绽放便早早枯萎凋零。

小贴士

2017 年，大学生轻生事件接连出现。1 月 11 日，山东大学一女生被发现在出租屋内上吊自杀，被发现时已身亡四天；2 月 27 日，广西大学一在读研究生烧炭自杀死亡；3 月 4 日，渭南职业技术学院农学院一名大二学生在宿舍内上吊身亡；4 月 11 日，厦门华厦学院一名大二在校女学生因卷入校园贷选择自杀。卫生部曾公布一项调查，其中数据显示，自杀在中国人死亡原因中居第 5 位，在 15 岁至 35 岁年龄段的青壮年中，自杀列死因首位。在全球，自杀是导致15 至 19 岁青少年死亡的五大原因之一。

——《法制日报》，2017 年 4 月 23 日

生命只有一次，失而不可复得，何其宝贵；青春是纯真的代名词，短暂而又美好，弥足珍贵。面对极少数大学生轻生这一残酷的现实，社会各界无不扼腕叹息，其中承受打击最大、受到伤害最深的莫过于其父母。近二十年含辛茹苦的养育，却换来如此惨痛的生死离别，这是父母无法面对，但又不得不接受的。

对孩子的生命教育不可缺位

孩子小时候，父母一定对孩子进行过安全教育，例如谨防被热水烫伤，不要触碰高压电线，在雷雨天不要在树下躲雨……这些外界环境可能带来的意外伤害，固然值得父母关注，但是随着孩子慢慢长大，其心理保健、价值观构建等教育问题也理应重视起来，其中生命教育就是非常重要的一部分。然而，现实情况是父母将生命教育视为学校的一种学科教育，认为自己插不上手，也用不着过问，孩子长大了自然而然就懂了。

其实不然，家庭是生命孕育之所，父母与子女之间存在着天然的生命纽带联系。家庭理应成为生命教育的主体，父母也应承担起生命教育的责任。

小贴士

美国学者詹姆斯·华特士于20世纪60年代末在美国首倡生命教育，并创立以生命成熟为核心的生命教育理论体系。其内涵主要是教人认识生命、保护生命、珍爱生命、欣赏生命，探索生命的意义，实现生命的价值。有研究者将"生命"定位为教育的"基础"或教育的"原点"，认为生命教育就是要依据生命的特征，遵循生命发展的原则，以学生自身潜在的生命基质为基础，通过选择优良的教育方式，唤醒生命意识，启迪精神世界，开发生命潜能，提升生命质量，关注生命的整体发展，使学生成为充满生命活力、具有健全人格和鲜明个性、掌握创造智慧方法的人。

面对走出家门、只身在外求学的大学生孩子，很多父母简单地认为孩子已经长大成人，大学是远离世俗纷扰的一方净土，自己终于可以松一口气了，只须提供必要的经济支持就可以了。事实并非如此，父母的角色从孩子出生即开始存在，也必将伴随着孩子成长的整个过程，它的作用和功能并不随着双方空间距离的扩大而弱化。对于生命教育更是如此。针对大学生在生命教育中可能出现的问题，结合其自身成长特点，父母应该尽早了解情况，加强关注，积极引导，预防为先，及时干预。

谁的青春不迷茫?

有人说，谁的青春不迷茫，谁的成长又是一片坦途呢？对人生和社会懵懵懂懂的大学生，离开父母，异乡求学，需要适应全新的学习和生活环境，需要应对各种压力和挑战。但由于其思考力、判断力和自控能力还比较薄弱，在遇到困难和挫折时，很容易绝望无助，甚至封闭自我，感到生无可恋，以致用死亡来解决问题。

有关研究发现，大学生轻生自杀的主要诱因包括感情受挫、学习压力过大、精神和心理失衡（典型的为抑郁症）、就业压力过重、家庭原因和同学矛盾等。面对纷至沓来的种种人生和生活问题，部分大学生还不具备回应和处理的能力，且抗挫折能力较差，这时如果得不到及时的疏解，极易引起严重的心理问题，产生厌世轻生的念头。

在《目送》中，龙应台写道："我们拼命地学习如何成功冲刺一百米，但是没有人教过我们：你跌倒时，怎么跌得有尊严；你的膝盖破得血肉模糊时，怎么清洗伤口、怎么包扎；你痛得无法忍受时，用什么样的表情去面对别人；你一头栽下时，怎么治疗内心淌血的创痛，怎么获得心灵深层的平静；心像玻璃一样碎了一地时，怎么收拾？"经历了紧张激烈的高考角逐，孩子凭着一纸成绩单敲开了大学的校门，但是如果中学教育并没有真正教给他们乘风破浪、披荆斩棘的信念和意志，父母又没有及时帮他们补上这一课，漫漫人生旅途真正启程时，谁来支撑他们前进的勇气和动力呢？

将极端的想法扼杀在摇篮中

相关研究发现，生命价值目标过高，但缺乏有效解决问题能力的人，自杀意念会增强。一个人的目标与现实存在巨大落差时，容易产生悲观情绪，会加重自杀想法。父母都有望子成龙、望女成凤的美好愿望，但不可对孩子提出过高的、孩子努力也无法企及的期望。应通过日常的观察和交流，了解孩子对生命价值的看法，协助孩子调整好自己的生命价值目标，积极努力实现自身生命价值。

此外，调查结果还显示，经历过考试不及格、失恋、与同学发生激烈冲突、经济拮据、亲人离世、本人突患疾病或亲人突患疾病等负性生活事件的学生，自杀比例更高；不喜欢参加社团活动、没有稳定恋爱关系的学生，自杀意念也更高。针对这些突发事件或客观现实条件，父母应多加留意，适时疏导，防止负面影响持续不断或者进一步恶化。

小贴士　16.39% 的大学生有过自杀想法

山东大学公共卫生学院博士唐芳对中国大学生的自杀意念进行了相关研究，并发表了论文《大学生自杀行为影响因素及其交互网络模型研究》，这是目前国内针对大学生自杀意念进行的规模最大的调查研究。该研究对武汉市 6 所高校 5972 名大学生（其中 53.43% 为男生，46.57% 为女生；年龄跨度 16～25 岁，平均年龄 20.85 岁）进行了调查。数据统计显示，有过自杀意念的学生占到 16.39%，其中 15.82% 的偶尔这么想，0.57% 的经常考虑自杀，近一年内有自杀想法的比例则为 7.27%。

密切关注孩子的心理健康状况

心理健康水平是大学生是否具有自杀倾向的晴雨表。有自杀想法的学生，通常会表现出一些心理问题。例如，出现头疼、胃疼等一些躯体化特征；或者表现为焦虑、抑郁、偏执、强迫症，对人际关系敏感，经常对周围的人和事有敌对情绪。

父母要多关注孩子的情绪、心理状况等，当孩子经常说自己头疼、胃疼又查不到原因时，父母要多询问情况，提供支持；当孩子出现过度焦虑、敏感、敌对的情绪时，父母要多与孩子聊聊天，多嘘寒问暖，哪怕给孩子一些发泄的机会也好。

知心朋友多、参加的社团活动多、遇到烦恼有人诉说的人，一般不易产生自杀的倾向。少数大学生并不知晓生命的珍贵，选择自杀的人往往是因为生活中总感到孤独无助，遇到问题不知道从哪里获得情感上的支持。父母除了自己努力与孩子沟通，还要鼓励孩子走出自己的小天地，学会和别人相处，接纳身边的人，努力结交知心朋友，营建和谐融洽的集体生活。

必要的时候，父母应该陪同孩子及时就医。

给孩子积极的生命评价

有的大学生不慎丢了手机，报告父母后，父母却冷冷地嘲讽："你还有什么用，连个手机都能丢了。"有的大学生考试挂科，父母只会训斥说:"都大学生了,还考试不及格,怎么还有脸活着?"这些都是父母传达给孩子的负面生命评价:你的生命价值很低,你的存在毫无益处,甚至不如手机和学习成绩重要,等等。而这些"往伤口上撒盐"的做法,只会把原本已伤痕累累的孩子推向万劫不复的深渊。父母要在与孩子日常的沟通和交流中避免这些"不经意"蔑视生命的言谈和行为。父母不妨和孩子一起学习一点儿积极心理学,用积极态度、积极评价来应对处理生活中的不如意。同时,父母也要多和孩子探讨生命的价值,发挥自身榜样的作用,让孩子直面挫折,不畏失败,学会接纳自己,理解生命中的不完美。

鼓励孩子在行动中感受生命价值

越是积极行动的人,越珍惜大好青春时光。有些大学生设定的目标很高,但行动力不足,长期生活在幻想、抱怨、拖延和观望中,总是止步不前,无法实现既定目标,从而导致情绪越来越悲观,对生命价值全盘否定。这种情况下,父母要鼓励孩子制定切实可行的目标,采取积极行动,遇到任何困难都先试试,即使失败了也坦然面对,要能看到生命在勇往直前的拼搏中所散发出的熠熠光芒。

2. 为"青春零艾滋"助力

2017 年 6 月,一条新闻激起了千层浪,在社会上引发广泛争议——"为艾滋病感染者设独立高考考场"。现在,这 16 名参加高考的学生中有 15 人考上了大学。

谈起大学生,人们想到的是朝气蓬勃、意气风发、健康向上,这本该是大学生应有的精神风貌和身心状态。然而,现实生活中,很多青春却无情地被艾滋病所吞噬,陷入痛苦的挣扎与抗争中。

相关调查显示,艾滋病呈现低龄化趋势,而大学生已成为艾滋病高危群体。中国疾控中心性病艾滋病防治中心主任吴尊友说:"2011 年到 2015 年,我国 15 ~ 24 岁大中学生艾滋病病毒感染者净年均增长率达 35%(扣除检测增加的因素),且 65% 的感染发生在 18 ~ 22 岁的大学生中间。"相关调查数据显示,2016 年前 9 个月,全国新诊断发现艾滋病感染者 9.6 万余人,以性活跃期青壮年为主。20 ~ 29 岁是感染人数最多的年龄段,占比达到 24.5%。

"小心艾滋,年轻人!"这,绝非危言耸听。

也许在父母看来,艾滋病似乎不可能与大学生有什么联系,更不可能与自家孩子有什么瓜葛。但上面这一组数字可谓触目惊心。

在一些人对艾滋病满不在乎的同时，也有一些人产生了"恐艾"心理。面对这些现象，大学生该怎么办？大学生的父母又该给孩子哪些方面的教育和帮助，才能保证孩子既放心享受爱情与友情，又能远离艾滋病、守护好自己的健康与青春安全？

揭开艾滋病神秘的面纱

艾滋病是由艾滋病病毒引起的一种病死率极高的传染病，它的传播途径包括性接触传播、血液传播和母婴传播。而以下这些行为是不会传染艾滋病的：在日常生活和工作中，与艾滋病病毒感染者或病人握手、拥抱，礼节性接吻，共同进餐，共用劳动工具、办公用品、钱币等；咳嗽和打喷嚏不会传播艾滋病；蚊虫叮咬也不会感染艾滋病。

关于如何减少感染艾滋病的风险，主要包括以下几点：

每次发生性行为时都正确使用男用或女用安全套；

避免多个性伴侣、一夜情等高危性行为；

接受检测并治疗性传播感染，包括艾滋病毒；

注射药物时一定要使用新的一次性针头和针管；

确保你可能需要的任何血液或血液制品都经过了艾滋病毒检测。

小贴士　关于艾滋病的六个误区

误区一：感染 HIV 就是艾滋病患者

真相：HIV 即艾滋病毒，而艾滋病（AIDS）指的是艾滋病毒感染的最后阶段。人体在感染艾滋病毒 2～10 年甚至更久后，因为免疫系统受到毁灭性破坏，才会发展成为艾滋病。

误区二：一旦感染艾滋病毒，剩下的日子就不多了

真相：科学研究证明，及早检测并发现 HIV 感染，在医生指导下及时开展抗病毒治疗，可以有效抑制病毒复制，当 CD4 免疫细胞保持在正常水平时，可以达到和未感染者相同的预期寿命。

误区三：HIV 携带者不能要孩子

真相：患者通过有效的抗病毒治疗、规范服药，能够使病毒的复制几乎检测不到，而且这种药物对胎儿的发育几乎没有影响，所以年轻的女性或男性被病毒感染以后，是可以结婚的，也可以生一个健康的孩子。

误区四：试纸可以检测艾滋病

真相：社会上卖的一些检测试纸只能帮助初步了解病情，不能作为确诊的依据，要到正规的医疗单位检测艾滋病毒抗体是不是阳性，在这个基础上再检测有没有病毒复制，并结合患者的临床症状、体征和病史，才能最终下结论。

误区五：安全套防不住 HIV

真相：世卫组织指出，有证据表明，男用乳胶安全套对艾滋病毒及其他性传播疾病感染的防护率达 85% 以上。质量好、正规厂家生产的安全套，完全可以有效隔绝病毒，大幅降低性行为的危险性。

误区六：同性恋 = 艾滋病

真相：同性恋本身与艾滋病传播并无关联，而是因为男男性行为的特性更易导致病毒传播。对同性恋的过分恐惧和排斥反而会加大同性恋者的隐蔽性，增加防治艾滋病的难度。

引导孩子用知识保护自己，远离日常威胁

现在很多大学生不了解艾滋病，不懂得性安全知识，不善于自我保护，甚至感染上艾滋病毒还全然不知。孩子从小学开始就在学校接受过关于艾滋病知识的教育，但是大多把理解、接纳艾滋病患者作为重点，个人防护方面还是了解不多，或者存在知行脱节。如今，孩子已经进入大学，父母要与孩子一起了解艾滋病的基本情况和早期症状。这些知识是孩子保护自己和防范艾滋病的基础和前提。

有的大学生缺乏安全意识，为了省钱或者多赚钱，选择到一些非正规医疗机构去献血、拔牙、针灸或者美容。但是，有些私人门诊、卫生所、美容院等，对针头或注射器消毒不够，如果这些器械之前接触过艾滋病患者的血液，则容易感染其他人。例如，有的女同学喜欢在学校附近的小门店里扎耳眼，或者到卖化妆品的小店免费文眉，到小美容店去除痘痘。这些小店设备简陋，为了节省成本，经常重复使用针头等物品。

大学生因关系亲近，经常会共用一些物品，如男生之间共用剃须刀，女生之间经常共用刮眉刀等物品，这些物品本身并不会传播

艾滋病，但是如果其中一个使用者携带艾滋病毒，另外一个人再使用就易通过血液被传染。

关注孩子的交友情况，发挥同伴群体的积极影响

相关报道称，2002—2015 年，广东省累计报告大学生艾滋病病例为 630 例，其中男男同性性传播感染的占比 70％；湖南省从 2007—2015 年累计报告 536 例大学生艾滋病病例，被感染者主要是男性，男性同性性传播感染的占 69.6％。以上这些数据也提醒父母们，要关注孩子的交友情况。如果孩子在寒暑假经常把同性朋友带回家，或经常跟父母提起某个同性朋友，父母要多加关注。

大学时期，同伴群体的影响远超过父母，年龄相仿、知识背景相近、兴趣爱好相似的朋友们在一起，总是无所不谈。即使一些敏感的、微妙的话题，同伴间也可以畅谈。父母要了解大学生的这个特点，多利用同伴教育方式，使年轻人互相学习，互相督促，共同进步。同伴教育有正规的也有非正规的，学校里往往会用正规的同伴教育，通过专门设置的话题让年轻人进行讨论，并互相帮助。父母可多利用非正规的同伴教育方式，身边的邻居、亲戚中，一定有人了解性教育、艾滋病教育方面的内容，可以在家庭聚会、朋友聚餐时聊聊这方面的话题，使孩子受到启发。

要爱不要"艾",教育孩子洁身自爱

大学生憧憬美好的爱恋,向往得到甜蜜的爱情。随着社会的发展,大学生的性观念趋于开放,但性知识仍显滞后,防范意识和能力薄弱。他们可能没有认识到艾滋病会通过不恰当性爱传播的严重危害性。父母应认识到随着社交新媒介的普遍使用,对艾滋病的防控难度越来越大。手机摇一摇,微信聊一聊,就有可能导致一次轻率而"方便"的性行为;新型毒品的滥用,"毒""性"交织,加剧了不安全性行为的发生。这些性行为都暗藏感染艾滋病毒的巨大风险。

研究表明,"男男"性行为传播在大学生艾滋病传播中占八成。大学生"男男"之间没有避孕需要,大多不会采取防护措施,导致"男男"成为艾滋病易感群体。陕西省某大学一名 22 岁的男性研究生说:"我一直比较喜欢男生,我的男友都是在网络上认识的,我们通过 QQ 聊天,聊得有缘时就见面约会。我有好几个男友,有的交往几个月,有的就见过一次面。大家在一起不会问名字的,只知道网名,我们也不用安全套。有时也害怕,但是又总觉得这病离我很遥远。现在我也不知道是被哪个男友传染的。"

除了同性性行为传播外,异性性行为传播也是主要渠道。一夜情、多个性伴侣、随意性交等危险性行为,均有感染艾滋病毒的可能。父母要教育大学生子女自珍自爱,谨慎对待性行为,不滥交,既保护自己,也尊重他人。有的父母只看重女孩贞洁,家有女孩就紧张害怕,生怕自家孩子受到伤害;家有男孩就松了口气,认为反

正自家孩子不吃亏，因此对孩子的性道德教育也很放松。事实上，无论男孩还是女孩，如果不懂得保护自己，"爽"了一时也许毁了一生。所以，父母要教育子女学会自尊自重和尊重他人，爱护自己与对方，拒绝不安全性行为。

3. 社交安全要 "时刻在线"

女大学生王某自入学以来沉溺于网络无法自拔，她整天忙于和形形色色的网友见面。某天，其室友发现她数日未归，将消息报至学校保卫处，后来经保卫处和当地公安机关联合寻找后发现其已被杀害。原来王某在进行一场场网恋，她本以为这样可以享受很多人的爱情，却不料有一天她的男友们因为争风吃醋而将其杀害。

现在大学生的生活空间大大扩展，交流领域和范围也不断拓宽，不但拥有丰富的校园文化生活，而且还要走出校园参加众多的社会活动。他们思维活跃、情感丰富，有着强烈的社交意愿，但由于涉世未深，阅历尚浅，如果没有合理的引导和教育，就有可能发生上面案例中的悲剧。因此，大学生需要加强社交安全意识，在社会生活中保护好自己，让父母安心，让自己安全。大学生父母也要了解孩子在社交方面存在的安全隐患，在家庭中加强对孩子的安全教育，使孩子能用理性与智慧保护好自己。

从认识自我出发，警惕社交陷阱

大学生希望通过交往获得友谊，对友谊非常渴望与珍惜。而且，大学生的情感丰富，与人交往时特别注重情感交流，追求情感共鸣与情投意合。另一方面，大学生的心智还不够成熟，情绪还不够稳定，他们有时轻松欢乐，有时又低沉悲伤，情感因素在社会交往中占有较大分量，常常不能理性处理问题，表现为容易冲动，或者轻易相信他人。

易陷入社交陷阱的人，往往在自我认识方面存在一些偏颇，从而导致社交行为上存在薄弱点。例如，有的孩子不能正确认识自己，要么自高自大，要么自轻自贱。自高自大的人，在与人交往中易偏执、冲动、霸道。而那些有点儿自卑、看不起自己的人，在社交中易顺从、盲目、委曲求全。父母要教育孩子正确认识自我，理智适度处理各类人际关系。

引导孩子完善交际人格

人格有多种类型，在人际交往上的表现也是不同的。例如，有的人属于疏离型人格，在人际交往中比较被动，不愿意主动联系他人，喜欢独处，有较强的隐私意识，对陌生人冷漠；有的人则属于助人型，很喜欢帮助人，既主动又慷慨大方，但是很多时候却忽略了自己的需要；而完美型的人格，表现在人际交往上，大多事事追

求完美，无论是对自己或是对身边的人，很少讲称赞的话，批评多于赞扬……父母可以和孩子一起去了解一下交际人格都有哪些表现，各自的利弊是什么，在人际交往中有哪些注意事项；在与孩子一起学习、讨论中引导孩子逐渐完善自我的交际人格。只有不断完善自身人格，才能更好地发展积极健康的人际交往，并在人际交往中学会保护自己不受伤害。

让孩子对危险的社交行为说不

大学生接触较多的人际交往包括同乡交往、涉外交往、异性交往和网络交往。这四类交往既能给孩子带来友谊，又能丰富他们的课余生活，增加其社会阅历，但也暗藏着社交安全隐患。在同乡交往中，孩子受乡音乡情影响，会对交往的人群感到亲切，因此也会少了很多防备之心。有的孩子参加了同乡会，小群体的某种消极情绪或从众心理，均会给孩子带来不小的负面影响，使孩子有时难以自控地随大流，或介入到某种矛盾中去。还有的大学生沉迷于网络交友，遥远的距离带来新鲜感和刺激感，对方的关心、热情或许能暂时温暖孩子的心，但存在着不可预测的风险，如果贸然约见网友，或许就踏上了危险的路途。另外，大学生对与外国人交往充满好奇，这种新奇的交往常常也给他们带来某种刺激感和成就感。但是，如果不了解外国文化与禁忌，不懂得保护自己，涉外交往也并非全是美好……除了这些常见的类型，大学生在求职、兼职、勤工俭学、租房等社会活动中，也会遇到一些社交陷阱。

小贴士　网络社交安全

网络社交日益成为大学生喜爱的文化、生活和社交方式。网络社交具有虚拟性和匿名性的特点，这从某种程度上造成网络社交存在以下三种安全问题：一、由网络聊天引发的骗财骗物，甚至敲诈勒索，伤人害命等；二、沉迷上网，易患网络成瘾综合征；三、痴迷于网上恋情，易误入网恋陷阱，付出惨痛的代价。

大学生虽然比中学生成熟，但和中年人相比，社会经验毕竟不够丰富，思考问题也不够全面，有时易出现简单化、理想化的现象。

例如，有的人在社会交往中以他人为中心，生怕自己做得不好，不敢有拒绝行为，想和周围所有人建立比较和谐亲密的关系，朋友对自己有一点儿好就想立刻无条件回报。也有的人习惯以自我为中心，做事不考虑他人。如果大学生思考问题过于理想化，则在社会交往中缺乏自我保护意识；总是认为身边的一切都很美好，则会缺乏安全防范意识：这样就很容易陷入危险的境地。

父母在关心孩子生活起居和学业情况的同时，也要多关注孩子的社交活动，发现危险的信号须及时和孩子沟通，防止危险发生。

回顾与思考

1. 当孩子感到绝望无助时，父母如何帮助孩子渡过难关？

2. 大学生轻生的诱导因素有哪些，父母可以从哪些方面进行防范？

3. 艾滋病的传播途径有哪些？

第 九 章

你问我答

9

1. 上大学后，孩子总是找我们要生活费，怎么办？

孩子上大学时，我们已经商量好了每个月的生活费。按照当地的消费水平，我们给孩子的生活费并不少。可是，孩子还是总找我们要生活费，花钱没计划。这让我们特别担心，又不敢不给，因为现在有很多校园贷、裸贷，一旦孩子中了招，后果不堪设想。我们该怎么办呢？

首先，父母给孩子的生活费不宜太少也不宜太多，要根据孩子学校所在地的平均生活水平来确定生活费数额。2017 年 2 月，麦可思研究院发布了 2016 年大学生消费调查报告，这份来自全国范围的调查报告显示：中国大学在校生月均消费 1212 元。在被调查的学生中，41％的学生生活费能够满足日常需求，并有节余。2017 年 9 月，中国新闻网记者就大学生一个月需要多少生活费的问题，在北京、陕西、湖北、湖南、四川、江苏等地的高校进行了走访调查，数据显示，西安大学生每个月需要 1000～1500 元的比例为 51.61％，超过半数，还有 29.03％的大学生认为每个月需要 1500～2000 元；北京的大学生超过三成每个月需要 1600 元；在武汉的调查发现，有 52.97％的大学生每月生活费为 800～1200 元，有 33.17％的大学生每月生活费为 1200～2000 元，而每月生活费在 800 元以下或者 2000 元以上的则占少数，比例分别为 7.92％和 5.94％。从这些数据可见，生活费大多在 1000～2000 元之间浮动。如果家庭经济条件好一些则生活费略多些，如果家庭经济条件不好则生活费略少些，父母可跟孩子商量决定。

其次，父母与孩子对生活费约法三章时，还要确定生活费使用范围。一般来说，生活费主要是指孩子在学校的饮食、服装、社交、娱乐、读书等基本费用。如果孩子有一些额外需求，可以和父母协商。这些额外费用如购置电脑手机费用、旅行费、学费、恋爱基金等，最好也能在孩子进入大学前先协商好基本原则。例如，如果孩子想买高档手机，父母愿意出30％费用；如果孩子想与同学去外地旅行，父母愿意出70％费用；如果孩子想买奢侈品牌，需要自己兼职赚钱；等等。确立这些基本原则时父母也要掌握一个准则，就是鼓励孩子养成勤俭、孝敬、自立、助人等良好品质。孩子的额外消费与这些有关，父母出钱可略多些；如果孩子的额外消费是享乐、攀比、奢侈，父母就要拒绝孩子的要求。

另外，很多父母大多习惯事前唠叨事后不管，就是给钱的时候教育孩子多，给完钱之后监管比较少。孩子上大学了，大多不在父母身边，父母可以鼓励孩子记账，每个月月底与孩子对一下生活费花到了哪里。这样既了解了孩子的日常生活，也能发现孩子消费中的问题，培养孩子良好的消费习惯。父母还可以采取一些奖励措施，对孩子的理智消费进行奖励。例如，如果孩子一个月的生活费省了200元，第二个月父母就增加100元……或者采取统一记账一起奖励的办法。

2. 孩子和室友相处不融洽，有什么解决办法吗?

孩子现在上大学一年级，一直和室友相处不太融洽，有几次回来哭诉，甚至想到外面租房子住。我们远在千里之外也帮不上忙，请指点一下父母应该怎么办。

大学生与室友相处至关重要，因为大家要朝夕相处，如果关系不融洽，彼此之间都感到郁闷，你看我不顺眼，我看你不喜欢，每天的日子会很难过。而且，在有些宿舍还会发生欺凌事件，几个人孤立一个人，成为大学生校园生活的隐痛。遇到这种情况，躲避不是办法，一定要积极解决。

首先，父母万不可同意孩子出去租房住。出去租房住可以逃避矛盾，但不能解决矛盾，还易使矛盾激化，使孩子更加被孤立。大学期间遇到的人际关系往往并不复杂，这是教会孩子处理人际关系的好时机。如果现在遇到矛盾就逃避，以后就更难与人和谐相处。出去租房子住，既不安全又不利于孩子的成长。能在人群中适应环境，学习与不同的人相处，也是大学生活重要的成长任务。

其次，父母要鼓励孩子自己解决问题。与室友相处不融洽，大多不是些不可调和的矛盾，而是因为生活习惯等小事引起的矛盾。例如，影响室友睡觉、用了室友的化妆品没提前打招呼、碰掉了室友的衣服没说"对不起"等，当然也有可能是室友做了这样的事让你的孩子反感。父母要教育孩子注意小节，多付出少挑剔，万事退一步。也许孩子让步妥协短时间内也无法解决矛盾，但是只要坚持，以诚相待，相信总是可以温暖室友的心。

第三，虽然父母不应掺和孩子的矛盾，而且远隔千里也不方便参与，但是如果矛盾长期不能解决，父母可到学校去看看孩子，也可给孩子和同学带些家乡特产，或找机会把孩子的室友请出来一起坐坐。这样可以帮孩子缓解一下矛盾，也可以表达一下父母的心意。

第四，虽然室友通常难以自由选择，但朋友却是可以自由选择的。父母可以引导孩子走出寝室，去更广阔的空间寻找志同道合的朋友。当大学生的理想和兴趣在更加广阔的空间中点燃时，与室友的摩擦就显得不那么重要了。但是，如果孩子在宿舍里已经感受到被孤立、被欺凌，父母就要及时与学校老师联系，请求老师帮助协调解决矛盾。

3. 我该不该加入大学生家长群呢？

我们这些大学生父母组建了一个家长群，目的是经常沟通信息，了解孩子情况，可是孩子坚决反对我加入。为什么孩子这么反感？

一名大学生曾在网络上"吐槽"家长群："今天又收到我妈妈给我发的家长群里的截图了。辅导员说，希望相关家长督促同学（上学期挂科、这学期补考的同学）参加 ×× 辅导。说实话，我很反感。里面没有我的名字，但是我妈老把这种消息发给我。因为她觉得这是我班级里发生的事，就和我有关。这算不算无事徒增烦恼？最让我觉得过分的是，辅导员往群里发挂科同学的信息，并指名这几个同学的父母注意。与父母私聊我可以理解为是关心、着急，发到群里让全班父母都知道，这让挂科同学的父母怎么办？挂科的同学怎么办？他们连保护自己隐私的权利都没有了！"从这个大学生的话中，父母们就知道为什么大学生坚决反对了。所以父母是否入群不是重点，家长群能做哪些事不能做哪些事才是重点。

家长群在幼儿园、小学、中学应用比较广泛，因为孩子还小，父母要对孩子有监护权、知情权。如今，有些大学也专门组建了家长群，把一些相关信息发布在家长群中。例如，《青岛日报》2015年10月8日报道：青岛大学8000多名大一新生，有5600多人加入了微信平台，有3000多人次的家长加入了微信家长群，学校抽调各学院共36名教师维护家长群。学校的出发点是好的，但是，大学生家长群万不可成为"保姆群"，父母、老师如果用保姆的心态与方式对待大学生，自然会让孩子反感。例如，有的父母因孩子给家里打电话晚就在群里问来问去，有的老师把学生考试成绩、获奖信息等发布到群里，这些都不是正确对待大学生的方式。大学生家长群可多讨论专业方向、未来发展等宏观的问题，不宜过多讨论孩子的生活细节。

4. 孩子参加了很多社团活动，会影响学习吗？

我家孩子刚进入学校就参加了好几个社团活动，天天忙得不得了，据说经常"刷夜"。这样会不会影响学习啊？

大学生参加社团有利也有弊。好处是可以充实大学业余生活，多结交朋友，培养团队精神，学会合作，也可以多锻炼自己，提高能力，丰富实践经验。大学生在社团里无论做干事还是做干部，都是很好的锻炼机会。但是，如果社团参加过多，的确会带来弊端。例如，占用太多学习时间与休息时间，打乱学习安排不能专注学习，顾此失彼以致哪个社团的工作都没做好等。还有些学生三分钟热度，参加了很多社团，却大多虎头蛇尾，开始时很热心，渐渐地就成了社团里的"僵尸粉"，很少参加社团活动，只是混在社团里。

因此，父母要鼓励孩子加入社团，同时引导孩子正确对待。加入社团不能光凭热情，要综合考虑几个因素。首先是兴趣因素，孩子可以选择自己喜欢的社团，这样自己既擅长又快乐。其次是能力因素，孩子可把提升能力作为目的来选择社团，例如参加英语话剧社团，可以提升英语能力与表演能力。第三是公益因素，参加公益社团，可以在服务他人奉献青春的活动中净化自我。因此，对大学生来说，参加的社团最好不超过三个，一两个比较合适，也可以在低年级时以兴趣、公益为主，高年级时以提升能力为主。

5. 孩子不喜欢所读的专业，怎么办?

孩子现在上大学二年级了，可她还是不喜欢自己的专业。当初报志愿时为了考上心仪的学校，就顾不上专业选择了，因此她被调剂到不喜欢的专业。父母做些什么才能帮助孩子呢?

父母对孩子的帮助有两种，一是努力让孩子喜欢现有专业，二是帮助孩子转专业。父母首先要搞清自己要给孩子的是哪方面的帮助。这个需要和孩子协商，通过多次与孩子交谈，了解她对专业的看法以及未来的打算。

如果孩子认为通过努力可在现有专业学习，父母可鼓励孩子多去拜访本专业的学长或前辈、老师，了解这个专业的发展前景、就业机会等，也可鼓励孩子去了解一些与本专业相关的单位，看看哪些是孩子感兴趣的，通过了解发现本专业的优势。父母要注意培养孩子对现有专业的自信，不妨关注一下孩子的学习成绩与在校表现，有的孩子虽然并不喜欢现有专业，但是学习很努力，成绩很不错。那么，父母要赞扬孩子的能力，虽然孩子已经是大学生了，但仍然需要父母及时的赞扬。这会使孩子增强专业自信心。另外，父母可在帮助孩子调整心态上下功夫，专业并不等于职业，一个专业往往辐射很多职业，孩子可以通过调查、访谈、查阅资料等，了解专业所辐射的职业里是否有自己喜欢的发展方向。父母还可以鼓励孩子做个"跨界"人，虽然不太喜欢本专业，但是如果能在坚持学习本专业的基础上，跨专业学习一些知识，可能更易成为复合型人才。在社会飞速发展的今天，专业与职业的联系越来越弱化，具备多方面的兴趣和能力将有巨大的优势。

如果孩子确实不想继续学习本专业，也不适合本专业，那么可以考虑转专业。各学校一般会有转专业的要求与条件，父母可让孩子提前做些了解，为转专业做准备。而且，父母也要和孩子一起了解转专业有可能遇到的困难。例如，原来学的专业要放弃，新的专业课程已经落下一大截，孩子在短期内有无可能补修欠缺的课程？会不会遇到新瓶颈？转专业有可能还会面对新集体新环境，孩子会不会遇到沟通与适应问题？这些都需要一家人反复掂量与权衡。父母还可以鼓励孩子先与心仪专业的学长多沟通，多交几个新专业的朋友，了解他们对转专业的看法，多方比较后再谨慎决定。

6. 怎么解决假期亲子矛盾升级的问题？

孩子每学期离开家时，我和他妈妈都非常想念他，经常给他打电话、发微信。可是，孩子寒暑假回家，一星期内亲子关系还很融洽，超过一星期就出现矛盾，我们看他不顺眼，他也看我们不顺眼，最后大家都不开心，直到他开学离开家。

寒暑假是大学生在家较长的时间，这正是享受亲子时光的契机。

但是，时间一长，亲子矛盾就出现了。孩子让父母看不顺眼的事情很多：早晨不起床、晚上不睡觉、被子不叠、不洗脸、老玩游戏、不让帮收拾房间、跟父母聊天少跟同学聊天多、出去玩回来太晚、回家了也不知道多陪陪父母……父母让孩子看不顺眼的事情也很多：爸妈太爱唠叨、刨根问底、管太紧、老逼着吃早餐、假期也让学习不让放松、早晨起太早还总是弄出声响……因此，本是两代人的亲子时光，变成了互相埋怨。

孩子放假回家，作为父母要把这段时间作为增强亲子沟通、化解亲子矛盾的好机会。在家庭教育中最重要的一个原则是，沟通比教育更重要。要想少产生矛盾，父母要尊重孩子的一些生活习惯。虽然孩子有些行为看起来不合理不顺眼，也离父母的期待还很远，但是如果父母要把期望强加在孩子身上，并且在短时间内要修正孩子的行为，恐怕非但达不到效果，反而会使矛盾升级。父母要学会以柔克刚，尤其对已成年的孩子，更要平等沟通，多拉近距离。有些习惯暂时改不了，父母要先接纳再引导，用些时间来等待他们成长。

父母还要强化一个意识，就是要放低姿态，不做强势父母，尤其是不要说"过头话"。孩子已经是成年人，父母不能再用对待小孩子的方法来对待大学生孩子。虽然孩子在父母跟前永远是孩子，但是在亲子关系上，父母要先学会退一步，尊重、平等、接纳、宽容、沟通……也许更能把握好与大学生孩子的交往尺度。

7. 孩子在学校外面兼职，会有危险吗？

孩子利用课余时间在外面做兼职，每天挺辛苦，经常回学校很晚，我很不放心。应该怎么办呢？

是否应支持大学生兼职、兼职怎样保证安全的确是很多父母纠结的问题。所谓兼职，肯定不是主业，大学生的主业是学习，很多父母不支持孩子大学期间兼职，就是怕孩子耽误学习时间，影响学业。而且，父母的确担心孩子兼职中的安全问题，如怕孩子受欺负、被骚扰、被骗，也怕孩子早出晚归影响健康、夜晚回来不安全等。但是，兼职既能使孩子得到锻炼，又能赚些外快补贴生活，看起来也蛮有吸引力。因此，父母应对大学生孩子的兼职工作本着下面几个原则加以引导：

第一，学业为重。无论兼职工作待遇多么好机会多么难得，父母要让孩子了解到，学业是第一位的。任何一个兼职工作，只要是影响了正常的上课、作业等学习任务，都不应继续下去。

第二，安全第一。父母的社会经验更丰富，可以给孩子一些安全方面的指点。例如，怎样防止兼职中被骗、被骚扰等，包括晚归时的注意事项。而且，最好让孩子选择结伴做兼职，与同学一起兼职，哪怕工资低一点儿也好，把实习锻炼能力作为主要目的。提醒孩子不要本末倒置，为了赚钱耽误了学习。父母也要了解孩子的兼职单位、岗位的情况，以及孩子兼职的大致时间，这样便于了解孩子的行踪。孩子也可以把每次去兼职单位的时间告诉同学，大家互相关照，确保安全。

第三，实践为本。父母要和孩子讨论兼职的目的。虽然兼职有钱赚，但是父母要提醒孩子，赚钱不应作为大学生兼职的主要目的，多体验、多积累实践经验才是兼职的主要目的。因此，在选择兼职单位时，要尽量选择那些规范的企业或单位，选择有一定技术含量的岗位。比如，发传单与做文字翻译相比，应选择做文字翻译工作。

8. 孩子在大学期间要不要多考一些证书？

听孩子说，他的很多同学在考各种各样的证书，他也很想去考。我们要支持孩子吗？是不是大学生考的证书越多越好？

近年来，大学生中出现了考证热，一些大学生从进入大学就开始忙着考各种证书。英语四六级证书、商务英语证书、全国计算机等级考试证书、普通话等级证书、双学位证书、驾驶证、人力资源从业证书等，都深受大学生欢迎。按理说，有证在手总比没证强，孩子既能多学知识与技能，又能为就业升学增加砝码，有何不好？

但是，研究发现，大学生考证也存在盲目性，有的学生什么证都考，以致学习缺乏系统性，学校的基础课、专业课没学好，忙着自学其他各种知识去考证。结果，知识学了一些皮毛，考的证件含金量不高，为了考证而考证，能力没有提高多少，反而打乱了学校安排的学习计划，这是父母要特别注意的现象。

因此，父母可以鼓励孩子考证，但要注意下面几点：一是要合理选择。要选择那些含金量比较高的证书，这类证书往往也更难考，但是大多更具有专业性，孩子在考证的同时也能学到一些技能，如软件工程师证书、司法考试证书、注册会计师证书等。

二是要合理构建知识结构。考什么证书最好能结合专业课程选择，才会使考证更有保障。不要别人考什么自己就考什么，哪个热门就考哪个，或者哪个容易考就考哪个，这样缺乏统一设计的考证，会使孩子忙忙碌碌但未必有好结果，也许证书拿了很多但没有多大价值，也许白忙碌一通还没考好。

三是基本技能与专业技能相结合。大学生考证主要有三类，分别是基本技能证书，如英语四六级、雅思、托福、计算机等证书；专业证书，如会计师、律师、同声翻译等证书；竞赛证书，如大学生全国英语竞赛、汽车设计大赛等证书。孩子在拿到基本技能证书后，可以结合专业考取专业类证书。如果学有余力，可以冲击一些竞赛证书。总之，孩子大学期间考证的基本原则是去功利化，把专业技能与综合素养相结合。

9. 孩子不愿意跟我聊他的大学生活，怎么办？

孩子不愿意跟我聊大学生活，问几句才答一句，有时干脆在朋友圈屏蔽了我。怎样才能了解孩子的大学生活？

在各大新闻媒体上，我们常能看到一些调查父母与大学生孩子沟通的研究报告。例如，调查发现，四成大学生不愿意父母看到他们的朋友圈；八成大学生不愿意跟父母讲心事；大学生与父母的沟通以学习为主，情感兴趣爱好很少涉及；大学生不告诉父母心事的原因中认为自己能解决的占 56.2％，怕父母担心的占 61％，还有部分大学生认为父母不认真倾听、说了没用、没有把心事告诉父母的习惯等。从这些调查中，父母大概会对孩子不愿意与自己聊大学生活或屏蔽朋友圈的原因有所了解。

与大学生孩子沟通，尊重是关键。父母要了解孩子的大学生活，首先要与孩子建立和谐的亲子关系，尤其要用平等的姿态与孩子沟通。如果父母总是担心、指责、挑剔、唠叨，孩子就不愿意跟父母多说，宁可少一事也不多一事。在掌握基本沟通原则的基础上，父母还要智慧地了解孩子的大学生活。孩子身在远方，大多愿意报喜不报忧，父母与孩子通电话时，可以多问问开心的事，孩子在讲述各种开心事时，一定也包含了他的大学生活。而且，敏感的父母也会从孩子的开心事中了解到孩子的一些困惑与烦恼。如果父母能看到孩子的朋友圈，也不要总是发表意见，只需安静地看看就好。即使发现一些问题，也可以另寻时间与孩子沟通。父母也可以偶尔去学校看望孩子，了解孩子的起居、学习、朋友交往等情况。观察也是一种好方法，父母与孩子视频通话时，或孩子放假回家时，父母要多观察孩子的生活，也能从中了解到更多学校生活的讯息。

10. 孩子在大学里整天玩游戏，怎么办？

孩子跟宿舍同学晚上结伴玩游戏，还到网吧里去打大型游戏，我很担心他会变坏。

你说的这种情况在一些大学里的确存在。有些男生宿舍结伴玩游戏，女生宿舍结伴追剧。这里主要存在两个问题，第一是大学生不能很好地安排休闲时间，沉迷网络或剧集；第二是同伴的影响问题，有的孩子原本不这样，但是受同学影响较大。因此，父母要从两个方面去引导，一要让孩子安排好学校课余生活，二要教会孩子如何对待同伴影响。

一般来说，大学生沉迷网络游戏主要有如下几个原因：游戏好玩、自由时间多、缺乏自制力、与同学有共同话题、玩得好有优越感。但是，过度玩游戏既影响学习又影响身体健康。因此，父母首先要督促孩子科学规划课余时间，多参加社团活动，走出宿舍，走上运动场。孩子的课余活动丰富，玩游戏的时间自然减少。孩子也许做不到，总是感觉对游戏的兴趣更大，父母可鼓励孩子与朋友结伴，与同学一起参加活动。

其次，父母要鼓励孩子积极缓解压力。有些大学生玩游戏是为了放松心情、缓解压力，父母要理解孩子的行为，允许孩子有短时间的拖沓、消沉，这是一个缓冲阶段。但是也要教孩子正面面对压力，如通过运动、与朋友交谈、给父母写邮件、读书、听音乐等方式消解压力。孩子寒暑假时，父母也要多鼓励孩子到大自然中去，如旅游、社会实践、走亲访友、参观博物馆等。不要让孩子长时间在家里宅着，更不要让孩子长时间在网络上待着。假期的不良习惯也会影响孩子回学校后的生活。

第三，父母还要引导孩子确立大学生活目标。有目标的孩子更有计划，也更少被一些外界因素诱惑。父母要和孩子一起规划大学生活，并且将目标具体化，每学年有大目标，每学期有小目标。阶段性目标与阶段性行动要匹配。

第四，父母要教育孩子分清益友与损友。有些大学生玩游戏还因为同伴影响，如大家都玩我不玩就落后了、玩得好说明我更聪明、不玩没朋友、都不睡觉我也睡不着……同伴之间有积极影响也有消极影响，孩子适当玩一些游戏，既可缓解压力，又能增进友谊，扩大交往圈子。但是，父母要让孩子了解，靠"拖下水"形成的友谊并不是真正的友谊，要鼓励孩子与同伴多进行积极向上的娱乐活动。

11. 孩子挂科了，怎么办？

这学期孩子的专业课出现了挂科现象，这让我们做父母的很担心。该怎么补救呢？

大学生挂科多数是主观原因导致的，如参加社团活动太多、没有很好地分配学习时间，玩游戏太多没好好复习，对学习的科目不感兴趣，讨厌授课老师不想学，等等。

第一，出现挂科情况，父母既要重视又不能过于焦虑，父母的态度会影响到大学生孩子对挂科原因的反思。抱怨、斥责肯定不是好办法，要先冷静下来与孩子一起找原因。孩子愿意把挂科情况告诉父母，说明了他对父母的信任。父母应多帮助，少埋怨。

第二，督促孩子了解补考的规则与安排，然后认真复习准备，避免补考再挂科。

第三，父母还要继续督促孩子针对原因做好下一步的计划，以防以后在其他科目上挂科。例如，如果是因为没有很好地统筹安排学习时间，那么可要求孩子制订学习计划；如果是因为玩游戏过度，那么可提醒孩子增强自制能力；如果是因为对科目不感兴趣，那么可鼓励孩子在战胜自我中获得信心。

12. 孩子想出国留学，我们该怎么帮助他？

孩子现在上大学三年级，想毕业后出国留学。作为父母，我们能帮孩子什么忙呢？

父母给孩子的最好帮助就是规划，做好大学毕业前的、出国留学的、留学之后的各类规划。有规划才能有目标，有目标才能有动力。父母要和孩子一起去规划，而不是代替孩子规划。在准确定位的基础上，父母和孩子一起安排好后面要走的路。另外，父母要给孩子心理支持。出国留学的路也并不好走，要通过外语考试、学校入学考试等，还要提供各类文书，以后到国外读书还要面对新的环境。

对出国留学的准备并不是只有考试分数、留学经费、选择学校那么简单，孩子的学习能力、生活能力、心理素质如何，也是父母要对孩子进行考察的方面，并根据孩子的不足及时给予帮助。例如，有的孩子只想选择排名靠前的学校，但是顶尖的学校对学习能力要求也很高，孩子对即将面临的繁重学业准备好了吗？孩子的抗压能力怎么样？是否喜欢与人打交道？遇到困难是否善于求助？是否善于帮助他人？有消极情绪怎样排解？这些也是父母要了解的。另外，国外大学的学习安排多与国内有很大不同，父母要在孩子出国前提前了解心仪学校的课程设置、课业压力、毕业与就业等问题。父母还要考虑一下，目的地国家是否有能给孩子帮助的后援，毕竟国外不比国内，孩子一旦遇到紧急情况，有后援支持会更好一些。

13. 孩子找不到好的实习单位，怎么办?

孩子大学四年级了，要开始实习了。但是他找了几个单位，我们都觉得不好，要是一直都找不到好的单位，该怎么办啊? 真让人着急!

你对"好"的实习单位是怎样界定的? 每个人对"好"有不同的认识，有的人认为实习单位是各大部委、跨国公司、知名企业才是好的，有的人认为将来能留下来的单位才是好的，也有的人认为锻炼机会多、专业对口才是好单位，有的认为离家近不用早起就是好单位……父母首先要和孩子讨论一下什么才是好的实习单位。而且，重要的是听听孩子的想法，毕竟去实习的是孩子不是父母。

适合的才是最好的，这句话用在这里恰好能说明选择实习单位的标准。只要实习单位适合孩子就是好的。那么，适合什么呢? 父母和孩子要回归到实习的本来目的。学生到实习单位去，核心目的是锻炼自己，掌握更多工作技能。因此，父母要鼓励孩子选择那些锻炼机会多、能多参与多见世面的单位。当然，大公司与小企业相比，大公司可能有更好的企业文化、严格的企业制度、高大上的工作机会，更能使孩子增长见识。但是，也要注意的是，有的大公司只能给实习生一些打杂的机会，如扫地、打水、收发邮件、复印……这些是任何一个进入工作岗位的人都要做的事情，但是如果仅仅做这些工作，这份实习就含金量太低了。因此，能学到东西、能使知识与技能较好结合、能得到充分锻炼的地方才是好的实习单位。

14. 孩子大学毕业后，是先工作还是继续读研？

孩子很快就要大学毕业了，是先工作还是继续读研，我们一直没想好，应该怎么选择呢？

你提到的实际上是职业生涯规划问题。孩子即将大学毕业才思考这个问题，说明在职业生涯规划方面，你和孩子都缺课了。本书第六章重点谈了这个话题，建议你仔细阅读。

大学生对未来的规划，重点是三个方面：第一是认识自我。你可以和孩子分析一下：孩子是学术型的还是应用型的？孩子对读研是否有兴趣有目标？孩子的兴趣爱好、人格特质是怎样的？适合做哪些方面的工作？是否具备这些工作方面的素质？

第二是认识职业。父母要抓紧时间与孩子一起研究各类职业，找到孩子感兴趣的职业，再看这类职业对学历的要求。有些职业并不要求研究生学历，本科毕业就可以就业。

第三是找到努力途径。考研和就业各有利弊。近年来各用人单位的门槛逐渐升高，很多单位对新员工都要求至少研究生以上学历，这也是近年来在读研究生比例大幅增加的原因。但是，如果把考研作为逃避就业的途径，并不是好方法，只会既浪费时光又浪费金钱，也许还会因为缺乏更多实践经验而错过心仪的工作。所以，工作还是读研，因人而异，关键看孩子对自我人生的设计，不能一概而论。

15. 孩子没考上研究生，也没找到工作，怎么办?

孩子今年秋天大学毕业了，没考上研究生，工作也没着落，整天愁眉苦脸的。我们应该做些什么呢?

孩子面临这种情况心里肯定很焦灼，愁眉苦脸也是人之常情。这时父母更要沉着冷静，要给孩子情感上的支持。

首先，父母不要对孩子失去信心。人生道路千万条，条条大路通罗马。虽然在前期可能落后了，但是只要现在开始重新设计，依然可以成为人生赢家。父母如果对孩子失去信心，也跟着唉声叹气，孩子就更感觉前景黯淡无光。

其次，父母要多给孩子鼓劲儿。人生的路很长，各种挫折总是在坚强面对时被一一解决。考研失败，可以一而再，再而三。即使先就业了将来也可以在职读研究生。因此，孩子也不要对自己失去信心。

第三，在有信心的基础上，重要的是行动。父母要与孩子商量，多听孩子的想法，及时调整目标。如果孩子可以接受就业，不妨多去就业市场走走，了解一些招聘信息，可以在考研的知识基础上参加招聘考试；如果孩子仍然想考研，要拿出具体的复习计划。

考研失败没什么，暂时没找到工作也不是噩梦，重要的是心态要调整好。如果不尽快走出萎靡不振的漩涡，会影响未来的生活。所以，父母这时候要给孩子的是帮助孩子调整好心态。只要孩子有了干劲儿，他自己也会去想办法解决。

主要参考文献

1. 姚任祥. 传家：中国人的生活智慧（增订版）［M］. 北京：新星出版社，2015.

2. 金海燕，杨亮. 和孩子一起读大学——大学新生家长必读［M］. 杭州：浙江大学出版社，2012.

3. 詹森，纳特. 青春期的烦"脑"——写给家长的青少年生存成长指南［M］. 王佳艺，译. 北京：北京联合出版公司，2017.

4. 李尚龙. 大学不迷茫［M］. 北京：九州出版社，2017.

5. 胡珍，刘嘉. 恋爱婚姻家庭——大学生性教育教材（第二版）［M］. 北京：科学出版社，2016.

6. 曹红梅. 引导与建构：当代大学生性道德教育研究［M］. 成都：电子科技大学出版社，2015.

7. 邓秀华. 四川省大学生性现状调查及其对策［D］. 成都工业学院学报，2015.

8. 胡月. 大学生生命价值观对自杀意念的影响 [D/OL]. 大连：大连理工大学，2015［2018-03-07］. http://cdmd.cnki.com.cn/Article/CDMD-10141-1016034434.htm.

后 记

  《这样爱你刚刚好》是自孕期开始至大学阶段一套完整的新父母教材，全套共20册，0—20岁每个年龄段一本。之所以如此设计，是基于向不同年龄孩子的父母提供精准专业服务的需要。与常见的家庭教育图书相比，它不是某一位作者的个人体会和心得，而是40余位国内家庭教育专家集体研究和讨论的结晶，具备完整、科学的体系，代表了我国家庭教育发展的主流。

  全国政协副秘书长、民进中央副主席、中国教育学会家庭教育专业委员会理事长、新教育实验的发起人朱永新教授，最先提出了编写如此庞大规模的新父母教材的设想，并且担任了第一主编。我和新家庭教育研究院副院长蓝玫一起，与中国青少年研究中心家庭教育研究所所长、《少年儿童研究》杂志主编刘秀英编审，中国青少年研究中心少年儿童研究所所长孙宏艳研究员和上海师范大学学前教育系主任、博士生导师李燕教授三位分主编，讨论并确立了本套教材的编写框架。

  在中国的家庭教育领域，已经有多种多样的教材或读本，但水平参差不齐，而决定质量的关键因素是编写思想与专业水准。因此，新家庭教育研究院联合中国青少年研究中心和上海师范大学一起组建高水平的专业团队，来完成这一重大而具有创新意义的任务。具体分工如下：由上海师范大学学前教育系承担孕期及学前教育阶段的编写任务，由中国青少年研究中心家庭教育研究所承担小学教育阶段的编写任务，由中国青少年研究中心少年儿童研究所承担中学教育及大学阶段的编写任务。

大学阶段的作者是中国青少年研究中心少年儿童研究所所长、研究员孙宏艳。

我与刘秀英、孙宏艳和李燕三位分主编担任了审读与修改任务，在我突患眼疾的情况下，蓝玫副主编、首都师范大学副教授李文道博士承担了部分书稿的审读任务。第一主编朱永新教授亲自审读了每一册书稿，并提出了细致的意见，承担了终审的责任。

湖南教育出版社在黄步高社长的坚强领导下，不仅以强大的编辑团队完成了出版任务，而且创办了一年一度的家庭教育文化节，为推进我国家庭教育发展提供了强大的学术支持，展现了优秀出版社的远见、气魄和水准。

作为一个从事教育事业45年的研究者，我撰写和主编过许多著作，却很少有过编写新父母教材这样细致而艰巨的体验：从研讨到方案，从创意到框架，从思想到案例，从目录到样章，等等。尽管如此，这套教材还存在很多不足。同时我也深知，一套教材的使命，编写与出版其实只是完成了一半，另一半要依靠读者完成。或者说，只有当读者认可并且在实践中发展和创新了，才是一套教材的真正成功，也是对作者和编者的最高奖赏。

我们诚恳希望广泛听取读者和专家学者的批评指正，我们对您深怀敬意和期待！

孙云晓

2017年9月

图书在版编目（CIP）数据

这样爱你刚刚好，我的大学生孩子 / 朱永新，孙云晓，
孙宏艳主编. —长沙：湖南教育出版社，2018.3
ISBN 978-7-5539-5744-9

Ⅰ.①这… Ⅱ.①朱… ②孙… ③孙… Ⅲ.①大学
生—家庭教育 Ⅳ.①G782

中国版本图书馆CIP数据核字（2017）第213996号

ZHEYANG AI NI GANGGANGHAO,
WO DE DAXUESHENG HAIZI

书　　名　这样爱你刚刚好，我的大学生孩子
出 版 人　黄步高
责任编辑　罗青山
封面设计　天行健设计
责任校对　鲍艳玲
出　　版　湖南教育出版社（长沙市韶山北路443号）
网　　址　http://www.hneph.com
电子邮箱　hnjycbs@sina.com
微信服务号　极客爸妈
客　　服　电话 0731-85486979
发　　行　湖南省新华书店
印　　刷　深圳当纳利印刷有限公司
开　　本　787×1092　16开
印　　张　12.25
字　　数　100 000
版　　次　2018年3月第1版　2018年3月第1次印刷
书　　号　ISBN 978-7-5539-5744-9
定　　价　48.00元